Schatten über Berlin

Dr. Wolfgang Wegner

1 Schrecken am Grill

„Klaus, wann sind die Würstchen endlich fertig?“ Achim Ringelmann winkt seinem Freund zu, der neben dem neuen Grill steht. Vor einer Woche hat sich Klaus Brenner das große, teure Gerät gekauft, das überhaupt nicht wie ein normaler **Grill** aussieht, sondern ein bisschen wie ein Herd.

„Du musst noch etwas Geduld haben“, ruft Klaus zurück. Er nimmt eine spezielle **Zange** von einem kleinen Tisch und dreht die weißen und roten Würstchen auf die andere Seite. Es duftet schon sehr lecker. Dann greift Klaus nach dem Bierglas, das auf einem kleinen Tisch neben ihm steht.

Grill *m*	*hier*: Gerät, mit dem man im Freien verschiedene Speisen braten kann
Zange *f*	*hier*: Werkzeug, um z. B. Fleisch auf dem Grill zu drehen
Drogeriemarkt *m*	Geschäft für Artikel zur Körperpflege und Hygiene

„Prost Achim“, ruft er fröhlich und hebt sein Glas. Sein Freund Achim erwidert den Gruß.

Es ist Samstagabend. Das Thermometer ist an diesem Tag im August noch immer nicht unter zwanzig Grad gesunken. Am Himmel ist keine Wolke zu sehen. In vielen der großen Gärten in dem vornehmen und teuren Berliner Stadtteil Grunewald haben die Besitzer ihren Grill angeheizt. So wie Klaus Brenner. Er ist Chef mehrerer **Drogeriemärkte** und wohnt seit zehn Jahren mit seiner Familie in der Villa, die über hundert Jahre alt ist. Heute

Vorwort

Liebe Leserin, lieber Leser,

sicher zum Lernerfolg – mit Spaß und Spannung! Die Compact Lernkrimis mit ihrer Kombination aus Lektüre und didaktischem Übungsanteil eignen sich hervorragend, um breite Sprachkompetenzen in der Fremdsprache zu erwerben. Der Lerner wird dabei durch die spannende Handlung, das angemessene Sprachniveau und den stetig ansteigenden Schwierigkeitsgrad der Übungen gefördert und motiviert.
Entwickelt nach neuesten Erkenntnissen der Fremdsprachendidaktik, sind Compact Lernkrimis das ideale Medium für einen Lernerfolg im Selbststudium. Durch die kleinen Texteinheiten und den hohen Übungsanteil sind sie aber auch als Unterrichtslektüre bestens geeignet.

So lernen Sie mit Compact Lernkrimis:

- **Mit Begeisterung lernen:** Die packende Krimihandlung motiviert Sie beim Lesen des deutschen Originaltextes.
- **Wissen intensivieren und erweitern:** Durch die Kombination aus didaktisierter Lektüre und textbezogenen Übungen testen und trainieren Sie Ihre Sprachkenntnisse effektiv. Vokabelangaben auf jeder Seite unterstützen Sie beim Lesen.
- **Systematisch lernen:** Knüpfen Sie an Ihr individuelles Sprachniveau an und setzen Sie eigene Lernziele – linear im Schwierigkeitsgrad ansteigend oder mit punktuellen Schwerpunkten von Grundwortschatz bis Hörverstehen.
- **Unabhängig sein:** Lernen Sie ganz individuell – wo und wann Sie wollen.

Viel Spaß beim **spannend Deutsch lernen**
wünscht Ihnen

Prof. Dr. Christiane Neveling
Didaktik der romanischen Sprachen, Universität Leipzig

Inhalt

Schatten über Berlin 5

Strandgut 41

Klassentreffen 81

Abschlusstest 120

Lösungen 129

Glossar 139

Verzeichnis der Übungen 156

möchte er dieses Jubiläum feiern und hat zu seiner Party einige gute Freunde und treue **Geschäftspartner** eingeladen. Die Gäste unterhalten sich auf der Terrasse miteinander oder gehen in dem großen Garten spazieren. Alle warten darauf, in die erste Wurst oder in das erste Steak beißen zu können.

Geschäftspartner/in *m/f*	Person, mit der man Geschäfte macht
Brummen *n*	tiefes unbestimmtes Geräusch
Rasenmäher *m*	Gerät, mit dem man den Rasen schneiden kann
mähen	Gras kürzer machen

Am Himmel ist ein leises **Brummen** zu hören. Aber niemand beachtet das Geräusch. Denn es klingt so ähnlich wie ein **Rasenmäher**. Am Samstag **mäht** immer irgendein Nachbar seinen Rasen.

Übung 1: Ergänzen Sie die Präposition, die zu dem Verb gehört!

mit   auf   über   mit

1. Klaus Brenner wohnt ______ seiner Familie in einer Villa.
2. Er freut sich ______ seinen neuen Grill.
3. Achim wartet ______ die Würstchen.
4. Er unterhält sich ______ anderen Gästen.

Als das Brummen am Himmel aber immer lauter wird, schaut Achim Ringelmann nach oben und sucht die Ursache des Geräuschs. Zuerst kann er nichts erkennen, denn die Sonne blendet ihn. Aber dann sieht er plötzlich ein Objekt, das langsam über einem der Nachbargärten kreist. Er kneift die Augen zusammen. Das Objekt ist ein Flugzeug. „Das kann doch nicht sein", denkt Achim und schüttelt den Kopf.

„Was ist los, Achim?" Martina Brenner steht neben ihm und hält ein Glas **Prosecco** in der Hand.

Achim zeigt auf das Flugobjekt am Himmel und sagt verwundert: „Das sieht aus wie ein Flugzeug. Aber das kann doch nicht echt sein, oder?"

Prosecco *m*	alkoholhaltiges sprudelndes Getränk
Modellflugzeug *n*	kleines Flugzeug, das man über eine Fernsteuerung bedienen kann und das wie ein echtes aussieht
Fernsteuerung	kleines Gerät, mit dem man ein anderes Gerät (z. B. Modellflugzeug) aus einer gewissen Entfernung steuern kann.
Art *f*	*hier*: Charakter, Wesen(sart)
ausgehen	*hier*: nicht mehr funktionieren
wackeln	sich (längere Zeit) hin und her bewegen

Auch Martina Brenner schaut jetzt angestrengt in den Himmel und hält ihre linke Hand wie einen Schirm über die Augen.

„Hm", meint sie dann, „das sieht aus wie ein ziemlich großes **Modellflugzeug**."

„Ja, das denke ich auch", bestätigt Achim und fügt hinzu: „Da steht sicher irgendwo ein Vater mit seinem Sohn im Garten und lässt das Ding mithilfe einer **Fernsteuerung** fliegen."

„Das kann eigentlich nicht sein", erwidert Martina. „Das Modell fliegt über dem Haus der Taubers. Die Kinder der Taubers sind schon längst erwachsen. Und Gerd und Sabine Edelmann, die daneben wohnen, sind gerade in Spanien im Urlaub."

Die Überlegungen der beiden werden durch einen Ruf von Klaus Brenner unterbrochen: „Die Würstchen sind fertig! Wer eines haben möchte, kann herkommen. Aber schön in einer Reihe anstellen!" Er lacht.

„Ich bin der Erste!", ruft Achim und rennt zum Grill. Die anderen Gäste lachen, denn alle kennen Achim mit seiner lustigen **Art**. Dann stehen einige auf und stellen sich hinter Achim.

Übung 2: Lesen Sie weiter und ergänzen Sie das Partizip Perfekt der folgenden Verben!

holen setzen aufstellen beschäftigen hören

Bald darauf haben sich alle etwas zu essen **1.** ______. Die Gäste haben sich an die Tische **2.** ______, die im Garten und auf der Terrasse **3.** ______ sind. Alle sind sehr mit ihren Gesprächen, den Steaks und den Würstchen **4.** ______. Keiner hat bis jetzt das Brummen **5.** ______, das über ihnen immer lauter wird.

Auch weiterhin achtet niemand auf das Geräusch und niemand sieht, dass das Modellflugzeug[i] dem Garten der Brenners immer näher kommt.

Plötzlich verändert sich das Geräusch. Das Brummen wird immer wieder unterbrochen. Es klingt wie ein kaputter Motor, der von Zeit zu Zeit für eine Sekunde **ausgeht**. Achim Ringelmann bemerkt die Veränderung als Erster und schaut nach oben. Er sieht, dass das Flugzeug jetzt direkt über dem Dach des Hauses fliegt. Es **wackelt** hin und her

> Deutsche Nomen sind häufig aus zwei Wörtern zusammengesetzt, wie man an dem Wort *Modellflugzeug* sieht. Es besteht aus den beiden Nomen *Modell* und *Flugzeug*.

und aus dem Motor kommt schwarzer **Rauch**. Plötzlich dreht es nach links und fliegt direkt auf den Garten zu.
„Was ist das denn?", ruft jetzt Klaus, der das Flugzeug ebenfalls bemerkt hat. Das Modell ist nur noch dreißig Meter von ihnen entfernt. Mit jeder Sekunde fliegt es ein bisschen niedriger.

Rauch *m*	Wolken aus feiner Asche, die entstehen, wenn man etwas verbrennt
abstürzen	aus der Luft auf die Erde fallen
ϟ **fuchteln**	wilde Bewegungen machen
Gasflasche *f*	Behälter mit Gas
Sanitäter/in *m/f*	Person, die verletzten Personen hilft

„Das Ding **stürzt ab**!", schreit Achim. „Alle weg hier!"
Viele der anderen Gäste drehen sich zu Achim um und lachen. Sie glauben, dass er wieder einen seiner Späße macht.
„Verschwindet hier, sofort!", schreit jetzt auch Klaus Brenner und **fuchtelt** mit den Armen in der Luft. Alle sehen ihn überrascht an. Sie verstehen nicht, was los ist. Aber dann bemerken die Ersten das Flugzeug, das immer näher kommt. Jemand ruft: „Das fällt uns gleich auf die Köpfe!"
Jetzt springen alle Gäste von den Stühlen auf, Gläser und Teller fallen zu Boden. Die Menschen rennen in alle Richtungen davon und suchen Schutz. Einige schreien vor Schreck, andere stolpern, doch alle können sich rechtzeitig in Sicherheit bringen.
Dann hat das Modellflugzeug den Boden fast erreicht und stürzt kerzengerade in den neuen Grill. Funken fliegen und eine der **Gasflaschen** explodiert mit einem lauten Knall. Teile des Flugzeugs fliegen durch die Luft, aber zum Glück sind alle schon weit genug vom Grill entfernt und niemand wird verletzt.
Klaus Brenner hat mit seinem Handy den Notruf gewählt. Schon wenige Minuten später sind Rettungswagen und zwei Fahrzeuge der Feuerwehr da. Die **Sanitäter** kümmern sich um die Gäste und

die Feuerwehrmänner löschen die Gasflasche. Die Polizei trifft zwanzig Minuten später ein. Die Beamten untersuchen die Reste des Modellflugzeugs, aber sie können nichts Besonderes entdecken. Sie vermuten, dass der Motor kaputt gegangen ist. Außerdem befragen die Polizisten alle Nachbarn der Brenners. Aber niemand weiß, wem das Modell gehört und woher es gekommen ist.

Übung 3: Welcher Satz ist richtig? Keuzen Sie an!

1. ☐ **a)** Klaus Brenner arbeitet in einem Drogeriemarkt.
   ☐ **b)** Klaus Brenner besitzt mehrere Drogeriemärkte.
2. ☐ **a)** Das Flugzeug hört sich an wie ein Rasenmäher.
   ☐ **b)** Das Flugzeug hat den Motor eines Rasenmähers.
3. ☐ **a)** Achim Ringelmann sieht das Flugzeug zuerst.
   ☐ **b)** Achim Ringelmann sieht das Flugzeug zuletzt.
4. ☐ **a)** Das Flugzeug fällt auf den Grill.
   ☐ **b)** Das Flugzeug fällt auf die Stühle und Tische.

„Es war ein Unfall. Sie können alles wegwerfen", sagt ein Polizist zu Klaus Brenner und zeigt auf die **Trümmer** des Modells. Langsam erholen sich alle Gäste wieder von dem **Schock**, aber keiner von ihnen hat noch Lust, weiterzufeiern. Klaus Brenner räumt zusammen mit Achim den Garten auf. Die Reste des Flugzeugs wirft er aber nicht weg. Er räumt sie in seine **Garage**.

Trümmer *pl*	Reste von etw., das zerstört worden ist
Schock *m*	sehr großer Schreck
Garage *f*	Gebäude, in dem Autos abgestellt werden

2 Die Einbrüche

Die Bewohner von Grunewald haben das abgestürzte Modellflugzeug bald vergessen. Und auch für Klaus Brenner geht das normale Leben weiter. Er muss sich um seine Geschäfte kümmern und kann sich keine Gedanken um fliegende Spielzeuge machen. Außerdem hat seine **Versicherung** den Schaden bezahlt, und schon zwei Wochen nach dem Unglück steht wieder ein neuer Grill in seinem Garten.

Alles ist ruhig und **geht seinen** normalen **Gang**.

Ende August wird es noch einmal sehr warm und die Menschen genießen die letzten Sommerabende in ihren Gärten oder auf ihren **Balkonen**.

Versicherung *f*	Unternehmen, das die Kosten eines Schadens ersetzt
seinen Gang gehen	alltäglich sein
Balkon *m*	Anbau an der Fassade eines Hauses, der es erlaubt, im Freien zu sitzen

Martina Brenner ist die Erste, die es bemerkt: Zuerst leise, dann immer lauter ist ein Brummen am Himmel zu hören.

„Das darf doch nicht wahr sein!", sagt sie laut zu sich selbst. Dann ruft sie ihren Mann: „Klaus, komm doch mal schnell in den Garten!"

Klaus Brenner sitzt an seinem Schreibtisch und beantwortet einige E-Mails. Der laute Ruf seiner Frau erschreckt ihn. Er springt schnell von seinem Stuhl und läuft die Treppe hinunter, dann durchs Wohnzimmer auf die Terrasse und schließlich in den Garten.

„Was ist passiert?“, keucht er. Klaus schaut sich um, aber er kann im Garten nichts Besonderes entdecken.

„Hörst du denn nichts?“, fragt Martina.

Klaus lauscht, dann verändert sich sein **Gesichtsausdruck** und er sieht plötzlich verärgert aus.

„Da fliegt doch schon wieder so ein Ding! Ich rufe die Polizei!“

Gesichtsausdruck *m*	Aussehen des Gesichts, wenn es ein Gefühl zeigt
Grillparty *f*	Party, bei der gegrillt wird
Frechheit *f*	Handlung oder Worte ohne Respekt
jn. verhaften	jn. ins Gefängnis bringen
Einsatz *m*	*hier*: Aktion der Polizei, z. B. eine Verhaftung oder eine Razzia
Absturz *m*	Fall aus der Luft auf die Erde
vermerken	eine Sache notieren / schriftlich festhalten

Klaus Brenner läuft zurück ins Haus und wählt die Notrufnummer der Polizei. Der Beamte am anderen Ende der Leitung ist über den Anruf nicht besonders erfreut.

„Bei Ihnen fliegt also ein Modellflugzeug über den Garten? Und deshalb wählen Sie den Notruf? Wenn Sie einen Spaß machen, kann das sehr teuer für Sie werden!“

„Ich mache bestimmt keinen Spaß“, antwortet Klaus und ärgert sich über den Polizisten, der ihn nicht ernst nimmt.

„Vor drei Wochen ist so ein Ding während einer **Grillparty** in meinen Garten gestürzt. Zum Glück wurde niemand verletzt. Es ist eine **Frechheit**, dass jetzt schon wieder so etwas über unserem Haus fliegt. Finden Sie den Kerl, der diese Dinger steuert, und **verhaften** Sie ihn!“

„Beruhigen Sie sich, Herr Brenner.“ Der Beamte schaut in seinem Computer nach. Dort sind alle **Einsätze** der Polizei gespeichert. Dann sagt er mit fester Stimme: „Der **Absturz** ist bei uns als Unfall **vermerkt**. Das haben Ihnen meine Kollegen damals gesagt.

Außerdem ist es nicht verboten, Modellflugzeuge fliegen zu lassen, auch wenn sie sehr groß sind."

Klaus Brenner bedankt sich und beendet das Gespräch. Er weiß, dass der Polizist recht hat. Er beruhigt sich damit, dass ein solches Unglück nicht ein zweites Mal passieren wird. Das wäre schon ein großer Zufall.

Übung 4: Welche Aussagen sind richtig? Kreuzen Sie an!

1. Ende August ist es kalt und niemand ist draußen. ☐
2. Martina Brenner hört das Flugzeug früher als ihr Mann. ☐
3. Klaus Brenner ruft vom Garten aus die Polizei. ☐
4. Der Polizist freut sich nicht über Klaus Brenners Anruf. ☐
5. Man darf Modellflugzeuge fliegen lassen. ☐

In den folgenden Tagen ist das Brummen immer wieder über dem Villenviertel zu hören. Manchmal nur kurz, manchmal jedoch eine halbe Stunde lang. Manche Bewohner des Grunewalds sehen das Modellflugzeug über den Gärten und Parks der **luxuriösen** Häuser kreisen. Andere sehen seinen Schatten über den Boden **huschen**. Wenn sich die Menschen beim Spaziergang oder im Supermarkt treffen, ist das Flugzeug meistens Thema

luxuriös	sehr teuer
huschen	sich schnell und kaum erkennbar bewegen

ihrer Gespräche. Die meisten ärgern sich über das Geräusch, das ihre Ruhe stört. Doch als ernsthafte Gefahr sehen sie das Modellflugzeug nicht. Es kennt jedoch auch niemand seinen Besitzer und keiner hat eine Person gesehen, die das Modell über eine Fernsteuerung lenkt. Und nur wenige denken überhaupt ernsthaft darüber nach.

Deshalb ist Klaus Brenner weiterhin sehr **misstrauisch**. Aber auch er kann nichts gegen die Störung unternehmen. Einen weiteren Anruf bei der Polizei betrachtet er als nutzlos.

misstrauisch	mit Zweifeln versehen
Martinshorn *n*	Signalgeräusch von Polizei- und Rettungsfahrzeugen
Sträucher *pl*	buschartige Pflanzen mit vielen dünnen Ästen
Hecke *f*	enge Reihe von Sträuchern
einbrechen	mit Gewalt eindringen; z. B. in ein Haus
Vase *f*	Gefäß, in das man Blumen stellt

Der erste Sonntag im September beginnt regnerisch. Kaum jemand ist bei diesem Wetter draußen und im gesamten Stadtviertel ist es extrem ruhig. Viele Bewohner schlafen länger oder frühstücken gemütlich in ihren Häusern. Doch dann durchbrechen die **Martinshörner** mehrerer Polizeifahrzeuge die Ruhe. Auch die Brenners schrecken auf. Sie laufen in den Garten, aber sie können durch die Bäume, **Sträucher** und **Hecken** nicht erkennen, was passiert ist. Klaus läuft auf die Straße, aber auch hier ist alles ruhig. Deshalb bekommen sie nicht mit, dass ganz in ihrer Nähe in ein Haus **eingebrochen** wurde. Die Diebe haben wertvollen Schmuck und Bargeld gestohlen. Auch am anderen Ende des Stadtviertels wurde eingebrochen. Dort haben die Diebe aus zwei Villen viele wertvolle Teppiche, Schmuckstücke, Bilder, **Vasen** und sogar eine alte Pistole mitgenommen.

Übung 5: Ersetzen Sie die Nomen durch Pronomen!

1. Die Menschen treffen sich im Supermarkt.
   __Sie__ sprechen über das Flugzeug.
2. Klaus Brenner läuft auf die Straße.
   __er__ kann niemanden sehen.
3. Martina Brenner sieht das Flugzeug.
   ______ ist sehr erschrocken.
4. Die Diebe haben Schmuck gestohlen.
   __Sie__ wollen den Schmuck verkaufen.

Als Hauptkommissar Torsten Weiß am ersten **Tatort** ankommt, sind seine Kollegen schon dabei, die Spuren des **Einbruchs** zu sichern.

„Die Täter kannten sich auf dem Grundstück und im Haus sehr gut aus“, sagt einer der Beamten zu dem Kommissar, der gerade den offenen **Tresor** betrachtet.

„Woher wissen Sie das?“, fragt Weiß.

„Im Garten und am Haus sind Videokameras angebracht. Sie schalten sich bei Bewegung ein. Aber die Einbrecher sind auf keinem Video zu sehen. Sie haben also (i) gewusst, wo die Kameras sind und diese **gemieden**.“

> Das Adverb *also* wird häufig verwendet, um auszudrücken, welche logische Konsequenz sich aus Überlegungen oder Beobachtungen ergibt. Synonyme sind z. B. *folglich, somit, demzufolge.*

„Und die **Alarmanlage**?“, fragt der Kommissar.

„Die Besitzer haben vergessen, sie einzuschalten, weil sie im

Haus waren. Die beiden haben oben geschlafen und nichts bemerkt."

„Oje!" Torsten Weiß kann ein Lächeln nicht unterdrücken. Natürlich ist ein Einbruch etwas Schlimmes, aber er weiß, dass die Leute hier gut versichert oder reich genug sind, um den Schaden zu ersetzen. Und ihnen selbst ist ja nichts passiert.

Tatort *m*	Ort, an dem ein Verbrechen geschehen ist
Einbruch *m*	Tat, bei der jd. einbricht
Tresor *m*	Schrank aus Stahl für wertvolle Sachen
etw. meiden	einer Sache aus dem Weg gehen
Alarmanlage *f*	Vorrichtung zum Schutz vor Einbrechern

Übung 6: Lesen Sie weiter und setzen Sie die Verben in der angegebenen Zeitform ein!

sind | können | wissen | beobachten

Dann fährt er zu den anderen beiden Häusern. Die Bewohner **1.** ________ zum Zeitpunkt der Tat nicht zu Hause ________ (Perfekt). Die Einbrecher **2.** ________ (Präteritum) sich Zeit lassen und besonders viele Sachen mitnehmen. Der Kommissar vermutet, dass die Täter genau **3.** ________ ________ (Perfekt), wann die Leute das Haus verlassen haben. Vielleicht **4.** ________ sie von ihrem Versteck aus sogar ________ (Perfekt), wann sie zurückgekommen sind. Und auch hier ist auf den Videos der Kameras im Garten nichts zu sehen.

Ermittlung *f*	Suche der Polizei nach Verbrechern
Schraubenzieher *m*	Werkzeug, mit dem man Schrauben fest oder lose macht

In seinem Büro schaut sich der Kommissar die ersten Ergebnisse der **Ermittlungen** an. Viel ist es nicht: ein Fußabdruck im feuchten Boden und ein **Schraubenzieher**, den die Täter verloren haben. Aber das Wichtigste haben die Polizisten nicht gefunden: **Fingerabdrücke**. Deshalb wird es schwer werden, die Diebe zu finden.

3 Nick hat eine Idee

Seit zwei Wochen sucht Tosten Weiß die Einbrecher aus dem Stadtteil Grunewald. Er weiß, dass seine Chancen immer geringer werden. Er hat alle Bewohner des Viertels befragt. Niemand hat etwas gesehen. Einer ist ihm dabei besonders **auf die Nerven gegangen**: Klaus Brenner. Der Chef einer Reihe von Drogeriemärkten erzählte ihm von einem Modellflugzeug, das rund zwei Wochen vor den Einbrüchen in seinen Garten gestürzt ist und seinen Grill zerstört hat.

Fingerabdruck *m*	Muster von Linien auf der Haut der Finger
↯ jm. auf die Nerven gehen	jn. sehr stören
verschuldet sein	sich Geld geliehen haben / Schulden haben

„Manche Menschen haben wirklich besondere Probleme!“, denkt der Kommissar genervt. Er hat dabei seine eigenen Sorgen vor Augen: Er **ist** seit einiger Zeit stark **verschuldet** und hat deswegen Streit mit seiner Frau. Natürlich ärgert er sich dann, wenn jemand von einem tausend Euro teuren Grill erzählt, den ein Modellflugzeug zerstört hat! Torsten Weiß schüttelt den Kopf. Sein Handy klingelt und reißt ihn aus seinen trüben Gedanken. „Hey, Onkel Torsten, alles klar?“, meldet sich sein Neffe Nick, der wie immer bestens gelaunt ist. Nick ist der Sohn seiner Schwester Sandra, die mit einem TV-Journalisten verheiratet ist. Der 16-Jährige geht in die elfte Klasse eines Gymnasiums, spielt in seiner Freizeit **Tischtennis** und interessiert sich für alles, was mit Technik zu tun hat. Sein Zimmer sieht aus wie eine Mischung aus **Werkstatt** und Computerraum.

„Hallo Nick, schön, dich zu hören!" Torsten Weiß ist über die kleine **Ablenkung** von seiner Arbeit wirklich erfreut. „Wie geht es dir?"

„Super, bei mir ist alles klar. Sag mal, hast du Lust, am Samstag mit mir zur ‚Air Show' zu fahren?"

„Wohin?" Torsten Weiß hat noch nie von einer ‚Air Show' gehört.

„Ach ja, ihr Älteren sagt noch ‚Internationale Luft- und Raumfahrtausstellung.'" Nick lacht.

„Ach so, die meinst du." Kommissar Weiß stimmt in das Lachen ein. Er kennt diese Veranstaltung natürlich: Die Internationale Luft- und Raumfahrtausstellung ist eine große **Messe** [i] für Flugzeuge, die **alle paar Jahre** in Berlin stattfindet. Dieses Jahr ist es wieder soweit und die Medien berichten bereits darüber. An diesem Wochenende darf jeder die Messe besuchen und es ist keine Überraschung, dass Nick dorthin möchte. Torsten Weiß nimmt seinen Vorschlag an: „Ja, gerne, ich hole dich übermorgen um zehn Uhr ab."

Tischtennis *n*	Spiel mit einem kleinen Ball auf einer Holzplatte
Werkstatt *f*	Raum, in dem etw. gebaut oder repariert wird
Ablenkung *f*	das gezielte Lenken der Aufmerksamkeit auf eine andere Sache
Messe *f*	Veranstaltung, auf der neue Produkte gezeigt werden
alle paar Jahre	in einem unregelmäßigen Abstand von wenigen Jahren
keinen Wunsch abschlagen	jeden Wunsch erfüllen

In Deutschland finden einige bedeutende Messen statt. Am bekanntesten sind die *Hannover-Messe* (Industrie), die *IAA* in Frankfurt (Autos), die *CeBit* in Hannover (Computer) und die *Frankfurter Buchmesse*.

Übung 7: Beantworten Sie die Fragen zum Text!

1. Wer ist Nick?

   ____

2. Welche Hobbys hat Nick?

   ____

3. Was kann man auf der ‚Air Show' in Berlin sehen?

   ____

4. Warum will Nick am Wochenende zur ‚Air Show'?

   ____

Am Samstag klingelt der Kommissar pünktlich um zehn an der Wohnungstür seiner Schwester. Nick ist schon bereit und die beiden fahren in Weiß' Auto zum ‚ExpoCenter Airport' nach Schönefeld. Schon auf der Fahrt erzählt Nick von den neuesten Flugzeugtypen, die auf der Messe zu sehen sind, und nennt viele Begriffe, die Torsten Weiß noch nie gehört hat.

„Und was machst du eigentlich gerade so?", fragt Nick plötzlich. Weiß hält an einer roten Ampel. Er schaut nach rechts und sieht seinen Neffen fragend an. „Was meinst du?"

„Welche Verbrecher jagst du gerade?", antwortet Nick und lacht dabei.

„Nick, du weißt, dass ich dir nichts erzählen darf."

„Oh, bitte, nur ein bisschen. Ich verrate auch nichts."

„Also gut." Torsten kann seinem Neffen **keinen Wunsch abschlagen** und erzählt ihm kurz von den Einbrüchen. Dabei erwähnt er auch Klaus Brenner und das abgestürzte Modellflugzeug. Nick hört aufmerksam zu und fragt dann: „Habt ihr das Modell genau untersucht?“

Übung 8: Lesen Sie weiter und ergänzen Sie die bestimmten Artikel!

„Nein“, meint der Kommissar, „warum auch? Das Flugzeug hat **1.** ________ Schmuck und **2.** ________ anderen Gegenstände sicher nicht gestohlen.“ Er lacht. Aber sein Neffe verzieht **3.** ________ Gesicht.
„Nein, sicher nicht. Aber ihr wundert euch doch darüber, dass sich **4.** ________ Einbrecher auf **5.** ________ Grundstücken so gut ausgekannt haben.“

Torsten Weiß nickt.
„Dann schaut euch das abgestürzte Flugzeug gut an. Vielleicht gibt es Kameras.“
Der Kommissar wundert sich zuerst über den Satz, aber dann versteht er Nicks Idee.
„Meinst du, dass die Einbrecher mit dem Flugzeug die Häuser und Gärten gefilmt haben?“
„Genau. Die Verbrecher **verstecken sich** irgendwo. Die Bilder der Kameras werden auf ihren Computer **übertragen**. Vielleicht haben sie sogar Karten hergestellt.“
„Karten?“ Der Kommissar wundert sich schon wieder. Er kennt

sich verstecken	sich niemandem zeigen
übertragen	*hier*: Computerdaten von einem Ort zum anderen leiten

sich nur mit den üblichen Computerprogrammen aus. Nick sieht seinen Onkel wie einen Schüler an, der etwas Einfaches nicht versteht. Dann grinst er und erklärt:

durch die Zähne pfeifen	beim Ausatmen ein leises Geräusch machen, indem die Luft durch die Zahne geblasen wird

„Es gibt Programme, die aus Videos eine gezeichnete Karte machen können. Man muss nur eingeben, was man auf der Karte sehen will, beispielsweise Bäume, Häuser, Wege oder auch alle Einzelheiten eines Grundstücks. Anschließend überträgt das Programm die Daten aus dem Video auf die Karte."

Der Kommissar **pfeift** leise **durch die Zähne**. An diese Möglichkeit hatte er bisher nicht gedacht. Er nimmt sich vor, gleich am Montag Klaus Brenner anzurufen und nach dem Flugzeug zu fragen.

Übung 9: Verbinden Sie die Hauptsätze mit den richtigen Relativsätzen!

1. ☐ Nick ist ein Junge,	a) die der Kommissar zuerst nicht versteht.
2. ☐ Das ist ein Haus,	b) die aus Videos Karten machen.
3. ☐ Nick hat eine Idee,	c) der sich mit Computern auskennt.
4. ☐ Es gibt Programme,	d) das auf den Karten zu sehen ist.

„Ja, die Teile liegen bei mir in der Garage“, antwortet Klaus Brenner, als Kommissar Weiß ihn am Telefon nach den Resten des Flugzeugs fragt. Eine halbe Stunde später stehen mehrere Männer und Frauen in Klaus Brenners Garage. Vor ihnen liegt ein Berg von Teilen aus Metall und Plastik.

Kollegin *f*	weibliche Person, mit der man zusammenarbeitet

„Was suchen Sie denn?“, fragt Brenner den Kommissar.

„Das darf ich Ihnen leider nicht sagen“, antwortet Torsten Weiß. Dann gibt er einer **Kollegin** ein Zeichen und zusammen mit zwei weiteren Beamten beginnt sie, die Teile in mehrere große Plastiktüten zu verpacken.

Es dauert nicht lange, dann wissen die Polizisten, dass Nicks Vermutung richtig war. Am Modellflugzeug war tatsächlich eine Kamera angebaut.

4 Der Schatten ist wieder da

Der Herbst kommt und die Tage werden kühler und kürzer. Oft liegt Nebel über dem Grunewald. Kommissar Weiß und seine Kollegen haben bei ihrer Suche nach den Einbrechern immer noch keinen Erfolg gehabt. Außerdem haben sie nicht mehr so viel Zeit, sich mit dem Thema zu beschäftigen. Inzwischen sind neue Verbrechen passiert, die auch aufgeklärt werden müssen.

Im Grunewald geht das Leben seinen normalen Gang. Seit den Einbrüchen Anfang September ist alles ruhig geblieben. Jetzt, Ende September, bereiten die Hausbesitzer ihre Gärten auf den Winter vor. Auch Klaus Brenner mäht noch einmal seinen Rasen. Langsam schiebt er den Rasenmäher vor sich her, als links von ihm auf dem Boden ein Schatten auftaucht und sich langsam nach rechts bewegt. Er kennt diesen Schatten! Sofort hebt er den Kopf und sieht am Himmel über sich ein blau-weißes Modellflugzeug fliegen. Es ist das gleiche, das schon im Sommer über den Häusern des Grunewalds geflogen ist.

„Die sind schon wieder da!“, ruft Klaus laut und stellt den Motor des Rasenmähers ab. Mit der **geballten** rechten **Faust** droht er dem Flugzeug. Er weiß, dass dort niemand drinsitzt. Aber er vermutet, dass irgendwo jemand zuschaut und seine **Geste** sieht.

geballte Faust	geschlossene Hand
Geste *f*	Zeichen, das man mit den Fingern oder der Hand macht

Wütend nimmt er sein Handy aus der Hosentasche und wählt eine Nummer, die ihm seit einigen Wochen sehr gut bekannt ist. Er hat sie unter den Nachnamen gespeichert.

Übung 10: Wen ruft Klaus Brenner an? Lösen Sie das Kreuzworträtsel!

Ä = AE / ß = ss

waagerecht:

1. In wie viele Villen wurde eingebrochen?

2. Was machen die Menschen im Garten?

3. Was macht das Flugzeug, bevor es abstürzt?

senkrecht:

4. Das Flugzeug klingt wie ein ...

5. Wo findet die ‚Air Show' statt?

Lösung: __ __ __ __ __

„Dezernat 5, Hauptkommissar Weiß“, meldet sich der Angerufene.
„Der Schatten ist wieder da!“ Klaus Brenner ist aufgeregt und hat vergessen, seinen Namen zu nennen.
„Wer ist wieder da? Und wer sind Sie?“, fragt der Kommissar.

hellwach	sehr aufmerksam
im Auge behalten	etw. beobachten
quietschen	einen hellen, schrillen Ton machen
Straßenecke *f*	Ort, wo sich zwei Straßen treffen
Asphalt *m*	Material, aus dem Straßen bestehen

„Brenner hier, Klaus Brenner aus dem Grunewald. Der Schatten ist wieder da, also ich meine, das Flugzeug ist wieder da.“
Der Kommissar ist sofort **hellwach**: „Wann haben Sie den Schatten gesehen?“
„Na, jetzt gerade. Das Ding fliegt wieder über meinem Haus.“
„**Behalten** Sie es **im Auge**. Ich komme sofort vorbei!“
Ohne eine Verabschiedung beendet Torsten Weiß das Gespräch und rennt zu seinem Dienstwagen. So schnell es geht, fährt er von seinem Büro in der Charlottenburger Chaussee durch die verstopften Berliner Straßen vorbei am Messegelände zu Klaus Brenners Villa. Dort bremst er mit **quietschenden** Reifen, steigt aus und sucht sofort am Himmel nach dem Modellflugzeug. Er kann es nicht sehen, aber er hört das leise Brummen des Motors.
„Da sind Sie ja endlich!“ Klaus Brenner ist aus der Einfahrt seines Grundstücks herausgelaufen.
„Schneller ging's nicht! Wissen Sie, wo es jetzt ist?“
Klaus Brenner zuckt mit den Schultern. „Irgendwo da drüben.“ Er zeigt in eine unbestimmte Richtung.
„Na, dann los“, brummt Kommissar Weiß zu sich selbst und läuft los. Er folgt dem Geräusch bis zur nächsten **Straßenecke**, biegt nach rechts ab und sieht den Schatten endlich wieder deutlich auf dem **Asphalt**. Das Flugzeug fliegt langsam und folgt der Stra-

ße. Der Kommissar läuft etwas schneller und hat es bald eingeholt. Doch plötzlich fliegt das Modell eine Kurve nach links und ist im nächsten Moment hinter hohen Bäumen verschwunden. Nur das Brummen des Motors ist noch zu hören.

Übung 11: „Wenn" oder „als"? Setzen Sie die richtige Konjunktion ein!

1. Die Tage werden kühler, ____________ es Herbst wird.
2. Klaus Brenner sieht das Flugzeug, ____________ er den Rasen mäht.
3. Man hört immer ein Brummen, ____________ das Flugzeug kommt.
4. Kommissar Weiß sitzt am Schreibtisch, ____________ Klaus Brenner anruft.

Torsten Weiß atmet einmal tief ein und wieder aus. Langsam erholt er sich von der Anstrengung. Dann hört er das Brummen ganz nah hinter sich und im nächsten Augenblick saust das Flugzeug nur ein paar Zentimeter über seinem Kopf hinweg. Der Kommissar duckt sich und folgt dem Modellflugzeug weiter mit den Augen. Es fliegt wieder eine Kurve und kommt dann direkt auf ihn zu.
„Verdammt, was soll das!", ruft Weiß entsetzt. Dann wirft er sich flach auf den Boden und der Flieger brummt über ihn hinweg. Als er wieder aufgestanden ist, sieht er, dass sein Gegner schon wieder eine Kurve fliegt. Der Pilot, der irgendwo an der Fernsteuerung sitzt, will noch einmal angreifen. Schnell sieht sich Torsten

sich ducken	Kopf und Oberkörper senken, um etw. auszuweichen
Brett *n*	langes, flaches Stück Holz
Stapel *m*	übereinander gelegte Dinge
↯ **krass**	sehr heftig (Ausruf des Erstaunens)
Genehmigung *f*	offizielle Erlaubnis

Weiß um. Ein paar Meter von ihm entfernt ist eine kleine Baustelle und dort liegen mehrere **Bretter** auf einem **Stapel**. Der Kommissar rennt los, als das Brummen hinter ihm schon wieder lauter wird. Er reißt ein schmales Brett vom Stapel, hebt es in die Höhe und dreht sich um. Drohend schwingt er seine Waffe hin und her. Das Flugzeug kommt näher, doch im letzten Moment weicht es ihm aus und fliegt steil nach oben in den Himmel.

Schnell wirft der Kommissar das Brett weg und versucht, mit seinem Handy ein paar Fotos zu machen. Doch das Flugzeug ist schon zu weit entfernt.

„So geht das nicht", denkt der Kommissar. „Ich kann nicht wie ein dummer Schüler hinter dem Ding herrennen. Und diesen Angriff darf ich mir auch nicht gefallen lassen. Es muss eine andere Lösung geben."

Als er wieder in seinem Büro sitzt, hat Torsten Weiß tatsächlich plötzlich eine Idee für eine andere Lösung. Mit dem Handy ruft er seinen Neffen Nick an.

„Nick, ich brauche deine Hilfe." Dann erzählt er ihm von seiner Idee.

„**Krass**", meint Nick sofort und fügt hinzu: „Aber habt ihr dafür nicht Spezialisten? Die können das doch sicher besser als ich."

„Natürlich haben wir Spezialisten. Aber eine **Genehmigung** für meinen Plan bekomme ich erst in ein paar Tagen. Ich möchte die Kerle aber erwischen, bevor sie wieder einbrechen."

„Also machen wir das heimlich?" Nick ist von den Plan begeistert.

Übung 12: Lesen Sie weiter und setzen Sie das richtige Modalverb ein!

können dürfen müssen wollen

„Ja, wir 1. ______ vorsichtig sein und 2. ______ uns nicht erwischen lassen." Kommissar Weiß ist etwas unsicher geworden. Aber er 3. ______ jetzt seinen Plan nicht mehr ändern. Und er 4. ______ sich auf Nick verlassen.

Am nächsten Tag sitzen die beiden gleich nach **Schulschluss** in Nicks Zimmer. Gut, dass seine Eltern nicht zu Hause sind.

„Dann suche ich mal das Netz ab", murmelt Nick, verbindet sein Laptop mit einem Gerät und tippt etwas in die Tastatur. Sein Onkel schaut ihm stumm dabei zu.

„Yep!", ruft Nick nach zwanzig Minuten. „Ich hab sie!"

„Die Einbrecher?", fragt der Kommissar überrascht.

„Oh Onkel Torsten! Natürlich nicht die Einbrecher." Er schüttelt den Kopf und wundert sich über die Unwissenheit des Kommissars. Dann erklärt er ihm: „Ich habe die URL der Kamera gefunden."

„Aha", brummt der Kommissar unsicher. Nick lächelt und erklärt weiter: „Die Einbrecher haben eine Webcam in das Flugzeug eingebaut. Die Bilder werden über mobiles Internet an ihren Computer übertragen."

„Und du kannst den Computer **hacken** [i]?"

„Ich kann es versuchen", antwortet Nick vorsichtig. „Aber das dauert. Mach es dir bequem." Er zeigt auf einen Sessel, der neben seinem Schreibtisch steht.

Torsten Weiß räumt ein paar CDs und Socken von dem Möbelstück herunter und setzt sich. Das leise Klacken der Tastatur macht ihn müde und bald ist er eingeschlafen.

Schulschluss *m*	Zeitpunkt, zu dem der Unterricht zu Ende ist
hacken	in einen fremden Comupter eindringen
Treibstoff *m*	flüssiges Material, mit dem Motoren angetrieben werden, z. B. Benzin

„Herr Kommissar, dürfte ich Sie zur Filmvorstellung bitten!" Torsten Weiß wacht aus seinem leichten Schlaf auf und schaut seinen Neffen erstaunt an. Nick grinst und zeigt auf den Bildschirm seines Laptops. Dort sieht man einen großen Park in Schwarz-Weiß-Bildern aus der Perspektive eines Vogels. Langsam fliegt die Kamera über Bäume und einen See, dann wieder über verschiedene Grundstücke.

„Das war der Hundekehlesee", ruft der Kommissar erstaunt. „Hast du es geschafft?"

„Wie du siehst: ja!", antwortet Nick stolz. Dann fügt er hinzu: „Wir haben Glück gehabt, dass sie ihren Flieger auch heute Nachmittag wieder losgeschickt haben."

Es gibt viele englische Verben im Deutschen, z. B. *hacken*. Meistens werden sie wie ein schwaches Verb konjugiert. Dennoch sollte man immer in ein Wörterbuch schauen, um sicher zu sein.

„Hast du eine Idee, wo die Basis des Fliegers sein könnte?" Der Kommissar wird jetzt immer nervöser.

Nick dagegen antwortet ruhig: „Sie kann überall sein. Das Modell braucht nicht viel Platz zum Landen und hat auch noch genügend **Treibstoff**."

„Woher weißt du das?", fragt Kommissar Weiß überrascht.

„Das Modell sendet auch verschiedene Daten, zum Beispiel die Menge des Benzins im Tank", antwortet Nick.

Torsten Weiß nickt stumm. Er überlegt, was die beiden jetzt tun können. Soll er seine Kollegen anrufen? Er hat eine andere Idee.

„Hast du Internet auf deinem Laptop?", fragt er Nick.

> Die Art, wie Deutsche im Alltag miteinander sprechen, wird *Umgangssprache* genannt. Dazu gehören z. B. Ausrufe („Na klar!") und Nomen mit unkonkreter Bedeutung, wie z. B. *Ding* oder *Typ*.

„Siehst du doch", grinst sein Neffe und zeigt auf den Bildschirm.

„Ich meine mobiles Internet, also für unterwegs", korrigiert Weiß seine Frage.

„Na klar! Was hast du vor?" Nick ist sehr gespannt und hofft, dass er bei der Jagd auf die Verbrecher dabei sein darf.

„Wir verfolgen das Flugzeug und finden auf diese Weise die Typen. Wenn wir die Bilder mit einer digitalen Landkarte im Internet vergleichen, sehen wir, wohin das Ding fliegt."

Übung 13: Bringen Sie die Sätze in die richtige Reihenfolge!

1. Auf Nicks Laptop sieht man die Bilder der Kamera. ❐
2. Der Kommissar spricht mit Nick über seinen Plan. ❐
3. Nick kann die Software des Flugzeugs hacken. ❐
4. Der Kommissar schläft, während Nick arbeitet. ❐

„Gute Idee, Herr Kommissar." Nick sieht seinen Onkel anerkennend an. Nach ein paar Klicks hat er den Bildschirm seines Laptops in zwei Teile geteilt: links das Bild der Kamera aus dem

Modellflugzeug, rechts der entsprechende Ausschnitt der digitalen Landkarte.
„Los, Nick, du nimmst den Computer und dann nichts wie los!", ruft Kommissar Weiß.

Blaulicht *n*	Lichtsignal an Polizei- und Rettungsfahrzeugen
Limousine *f*	geschlossenes Auto mit zwei Sitzreihen für vier bis sechs Personen

Beide stürmen aus der Wohnung und die Treppe hinunter. Fast überrennen sie dabei eine ältere Nachbarin, die ihnen laut hinterherschimpft. Aber für eine längere Entschuldigung haben die beiden keine Zeit. Torsten Weiß nimmt sich vor, das später nachzuholen.
Zwei Minuten später sitzen sie im Dienstwagen des Kommissars, der mit ein paar Handgriffen das **Blaulicht** auf das Dach der dunkelblauen **Limousine** setzt.

5 Die Jagd

Mit Blaulicht und Martinshorn jagt Kommissar Weiß durch die Straßen in Richtung Grunewald. Sie dürfen keine Zeit verlieren, denn die Einbrecher können ihr Flugzeug jederzeit zu seiner **Basis** zurückholen.
Nick starrt ohne Pause auf den Bildschirm. Als sie sich Grunewald nähern, ruft er: „Es kreist über dem Königsee!"
„Sehr gut! Das bringt uns etwas Zeit!" Der Kommissar überholt ein paar langsame Fahrzeuge und biegt dann in die Bismarckallee ein.
„Jetzt fliegt es weiter. Warte mal, da ist wieder ein See."

Basis *f*	*hier*: Ort, wo das Flugzeug herkommt
rasant	sehr schnell

Nick ändert den Ausschnitt der Internetkarte. „Das ist der Dianasee", ruft er dann.
Kommissar Weiß tritt noch etwas mehr aufs Gas, weil die Straße vor ihm jetzt frei ist. „Gleich haben wir es geschafft!"
Als sie die Königsallee erreicht haben, können sie das Flugzeug über dem See erkennen.
„Es dreht nach Westen und fliegt Richtung S-Bahnhof! Der Tank ist auch schon ziemlich leer", ruft Nick. Er ist jetzt sehr aufgeregt. Fast fällt ihm das Laptop vom Schoß herunter.
„Also weiter!" Kommissar Weiß beschleunigt wieder und sie setzen die **rasante** Fahrt fort. Am S-Bahnhof Grunewald muss Weiß bremsen und langsamer fahren, weil viele Menschen unterwegs sind.

„Hey, das Ding fliegt direkt zum Teufelsberg!“ Nick schaut weiter auf den Bildschirm und vergleicht die dortigen Bilder mit der Karte.
Torsten Weiß ist überrascht: „Das ist komisch. Dort können die Kerle sich doch nicht verstecken!“

Übung 14: Lesen Sie weiter und fügen Sie die Adjektivendungen ein!

Der Teufelsberg ist ein **1.** bekannt _____ Berg im Westen Berlins. Aber er ist kein normaler Berg. Er besteht aus den Resten **2.** viel _____ Gebäude, die im Zweiten Weltkrieg zerstört wurden. Die **3.** viel _____ Steine wurden zu dem **4.** klein _____ Berg zusammengeschüttet, auf dem später eine militärische Anlage gebaut wurde.

Heute **ist** die Anlage nicht mehr **in Betrieb**, und vor allem am Wochenende machen viele Menschen einen Ausflug zum Teufelsberg.
„Nick, schau mal, ob es noch etwas anderes in der Nähe des Teufelsbergs gibt.“ Dann flucht der Kommissar plötzlich: „So ein Mist! Wir kommen hier mit dem Auto nicht weiter!“ Die Straße endet am Bahnhof.

in Betrieb sein	eingeschaltet sein
Funkgerät *n*	elektrisches Gerät, mit dessen Hilfe man sich über eine bestimmte Entfernung unterhalten kann

„Wir müssen zu Fuß gehen!“ Kommissar Weiß parkt den Wagen. Er überlegt kurz, dann greift er zum **Funkgerät** und meldet sich im Polizeipräsidium. Ab jetzt braucht er die Hilfe seiner Kollegen.

Nick ist ausgestiegen und wartet vor dem Auto auf seinen Onkel. Das Laptop hält er fest in den Händen. Gemeinsam rennen sie auf die andere Seite des Bahnhofs. Durch einen kleinen Tunnel können sie unter der Autobahn hindurchlaufen, dann führt eine schmale Straße weiter in Richtung Teufelsberg.

> Modalverben im Konjunktiv II haben eine bestimmte Bedeutung: Sie drücken eine Vermutung aus. Wer z. B. sagt: „Das könnte sein.", ist sich nicht sicher, sondern vermutet nur. Neben *könnte* wird sehr oft *dürfte* verwendet.

„Und?", fragt Kommissar Weiß etwas **außer Atem**.
„Und was?", fragt sein Neffe zurück.
„Was gibt es hier noch außer dem Teufelsberg?"
Jetzt hat Nick verstanden. Er bleibt stehen und schaut sich die Karte genauer an. Schnell hat er etwas entdeckt: „In der Nähe ist eine Anlage mit **Schrebergärten**."

Übung 15: Sind die Aussagen richtig oder falsch? Kreuzen Sie an!

	richtig	falsch
1. Der Teufelsberg ist ein normaler Berg	❐	❐
2. Das Flugzeug fliegt über einem See.	❐	❐
3. Am Bahnhof können sie nicht weiterfahren	❐	❐
4. Der Kommissar muss immer langsam fahren.	❐	❐

In einem Wald zwischen dem Teufelsberg und dem Wohngebiet des Grunewalds haben viele Berliner einen Schrebergarten gemietet. Dort verbringen sie ihre Wochenenden, entspannen sich und grillen mit ihrer Familie oder ihren Freunden.

außer Atem	sehr erschöpft schwer Luft bekommend
Schrebergarten *m*	kleiner Garten, den man mieten kann; oft am Stadtrand gelegen
staubig	voller Staub
Halfter *n*	*hier*: Tasche für eine Pistole, die man am Körper trägt

„Die Gärten könnten das Ziel sein!", meint Kommissar Weiß. Die beiden rennen weiter, so schnell es geht. Nach zehn Minuten sind sie schon ziemlich außer Atem. Wieder bleibt Nick stehen. „Warte mal", sagt er und atmet tief durch.
„Was ist los?", fragt der Kommissar.
„Es landet", antwortet Nick kurz und deutet auf den Bildschirm. Dort kann man deutlich sehen, dass der Boden immer näher kommt. Dann landet das Flugzeug auf einem **staubigen** schmalen Weg.
Torsten Weiß vergleicht die Karte mit der Umgebung. Zwischen den Bäumen kann er schon die ersten Gärten erkennen.
Der Kommissar greift nach hinten an seinen Gürtel und zieht seine Dienstwaffe aus dem **Halfter**. Er prüft die Pistole, dann steckt er sie wieder zurück. Über das Handy ruft er noch einmal seine Kollegen an und erklärt ihnen den Weg.
„Beeilt euch!", ruft er ins Telefon, dann schaltet er es leise.
„Du bleibst hier!", befiehlt er Nick, denn jetzt wird es gefährlich.
Langsam läuft Kommissar Weiß zum Waldrand und beobachtet die Gärten. Alles ist ruhig. Er verlässt den Wald und läuft einen schmalen Weg entlang, der um die Gartenanlage herumführt. Als der Weg nach links abbiegt, bleibt er noch einmal stehen. Vorsichtig streckt er den Kopf um die Ecke. Nur dreißig Meter vor ihm stehen zwei Männer mitten auf dem Weg. Beide haben den Oberkörper nach vorne geneigt und blicken auf einen großen Gegenstand, der vor ihnen auf dem Boden liegt: das Modellflugzeug. Einer von ihnen ist groß, schlank und hat schulterlange,

blonde Haare. Der andere ist viel kleiner, hat einen kräftigen Körperbau und eine **Halbglatze**.

Übung 16: Verbinden Sie das Fragewort mit dem richtigen Satz!

1. ☐	Wen	**a.** fliegt das Flugzeug?
2. ☐	Wo	**b.** soll Nick nicht mitkommen?
3. ☐	Wohin	**c.** ruft der Kommissar an?
4. ☐	Warum	**d.** trägt der Kommissar seine Pistole?

Jetzt muss alles sehr schnell gehen. Der Kommissar atmet noch einmal tief durch, dann geht er lässig um die Ecke, direkt auf die beiden zu.

Die beiden Männer heben überrascht den Kopf, als Torsten Weiß auf sie zugeht. Sie schauen ihn misstrauisch an, heben das Modell hoch und wollen in die andere Richtung verschwinden.

„Das ist aber ein toller Flieger!", ruft der Kommissar ihnen hinterher. „So einen wünscht sich mein Sohn auch schon länger. Was kostet denn so etwas?"

Der Blonde dreht sich um. „Ziemlich teuer", ruft er Weiß zu. „Wir haben es eilig!"

„Aber vielleicht können Sie mir ein paar Kauftipps geben. Womit fliegt denn so ein Modell? Mit Benzin?"

Jetzt bleibt auch der kleinere Mann stehen. „Mensch, hast du nicht gehört: Wir haben keine Zeit!", ruft er sehr un-

In gesprochenen Sätzen werden Wörter, die nur grammatisch wichtig sind, häufig weggelassen. Der Gesprächspartner kann sie selbst ergänzen. Aus „Es ist ziemlich teuer" wird dann „Ziemlich teuer".

höflich und aggressiv in Richtung des Kommissars. Torsten Weiß ist schnell gelaufen und hat die beiden fast erreicht.
„Warum denn so unhöflich?“, fragt er. „Ich will doch nur ein paar Tipps, damit ich meinem Sohn eine Freude machen kann.“
Vorsichtig bewegt er seine Hand zu seinem Gürtel. Der Blonde entdeckt die Bewegung und ruft: „Ich glaub, das ist ein **Bulle**!“
Die beiden Männer werfen das Flugzeug auf den Boden und rennen los. In diesem Moment biegt ein **Streifenwagen** in den schmalen Weg ein und fährt direkt auf die beiden zu. Sie können nicht weglaufen, denn auf der einen Seite ist die dichte Hecke eines Gartens und auf der anderen Seite eine Mauer aus Beton.
Torsten Weiß zieht seine Waffe und richtet sie auf die beiden Männer: „Polizei! Stehen bleiben!“
Die beiden stoppen. Dann heben sie die Hände, denn sie haben keine Chance mehr, zu fliehen.
Die Polizisten steigen aus dem Streifenwagen aus und nehmen die Einbrecher fest.
„Super gemacht!“ Die Stimme gehört Nick, der Torsten Weiß gefolgt ist und plötzlich hinter ihm steht.

Halbglatze *f*	nur zur Hälfte mit Haaren bedeckter Kopf
↯ **Bulle** *m*	Schimpfwort für einen Polizisten
Streifenwagen *m*	Fahrzeug der Polizei

Übung 17: Bilden Sie Fragesätze! Fragen Sie nach dem unterstrichenen Wort!

1. Torsten Weiß verfolgt <u>die beiden Einbrecher</u> zu Fuß.

____

2. Der Streifenwagen fährt direkt auf die beiden Männer zu.

____

3. Vorsichtig bewegt Torsten Weiß seine Hand zum Gürtel.

____

4. In Zukunft wird es im Stadtteil Grunewald wieder ruhiger werden.

____

5. Der Kommissar hat die Verbrecher durch eine erfundene Geschichte abgelenkt.

____

„Was machst du denn hier? Ich habe dir doch gesagt, dass du im Wald warten sollst!", ruft der Kommissar verärgert. Aber er kann seinem Neffen nicht lange böse sein. Ohne ihn hätte er die beiden Einbrecher bestimmt nicht so schnell gefunden. Also nimmt er ihn in den Arm und sagt leise: „Danke, mein Freund!"

Strandgut

Nina Wagner

1 Ein Spaziergang am Meer

Es ist ein kalter Samstagmorgen im November, als Paul Jost aufwacht. Er öffnet vorsichtig die Augen. Sein Hund Max läuft erwartungsvoll vor seinem Bett hin und her.

„Dieser Hund hat eine innere Uhr", **stöhnt** Paul Jost. „Es ist halb sieben!" Doch diese Information interessiert Max nicht. Es interessiert ihn auch nicht, dass Wochenende ist.

stöhnen	laut atmen
verschlafen	noch müde, nicht richtig wach
Kragen *m*	oberer Abschluss bei Mantel oder Hemd, der den Hals ganz oder teilweise bedeckt
Düne *f*	Sandhügel

Verschlafen steht Paul auf und geht ins Badezimmer. Er wäscht sich kurz und zieht warme Kleidung an. Als er aus dem Badezimmer zurückkommt, wartet Max schon an der Tür.

„Ja, ja, wir gehen jetzt spazieren!" Paul öffnet die Tür und Max rennt durch den Garten zum Tor.

Paul Jost schlägt den **Kragen** von seinem Mantel hoch und folgt dem Hund. Er muss ihn nicht anleinen, denn Paul wohnt direkt am Strand von Niendorf[i] Seine hintere Gartentür grenzt an die **Dünen.** Vor allem von Oktober bis März kann man dort wunderschöne, ruhige Spaziergänge machen, denn nur wenige Touristen

> *Niendorf* ist eine kleine Gemeinde an der Ostsee in der Nähe von Timmendorf.
> Besonders im Sommer verbringen viele Menschen dort ihren Urlaub.

Rente *f*	Geld, das man ab einem bestimmten Alter bekommt, wenn man vorher gearbeitet hat
hektisch	hastig, gehetzt
unzählige	sehr viele
Drachen *m*	Gestell aus Holz oder Kunststoff, das mit Papier oder Stoff überspannt ist und das man bei Wind an einer Schnur fliegen lassen kann

sind zu dieser Zeit an der Ostsee. Der Winter ist oft sehr stürmisch und die kalte Ostsee lädt nicht zum Schwimmen ein. Aber Paul mag diese Jahreszeit und dieses Wetter.

Er wohnt hier, seit er in **Rente** ist. Es gefällt ihm sehr gut in Niendorf, denn es ist hier nicht so laut und **hektisch** wie in Hamburg. Dort hat er bis zu seiner Rente vor fünf Jahren gelebt und als Kommissar bei der Kripo Hamburg gearbeitet. Aber nach dem Tod seiner Frau hat er sich in der Stadt nicht mehr wohlgefühlt und schwer ist in ihr altes kleines Ferienhaus nach Niendorf gezogen.

> *Kripo* ist die Abkürzung für *Kriminalpolizei*. Die Kriminalpolizei ist für Straftaten, wie zum Beispiel Mord oder Entführung, zuständig.

Übung 1: Lesen Sie weiter und ergänzen Sie die fehlenden Präpositionen!

Es regnet leicht. Trotzdem geht Paul mit seinem Hund Max 1. ________ Strand entlang. Die beiden laufen von Niendorf aus Richtung Lübecker Bucht. Im Sommer sind dort **unzählige** Touristen. Heute ist Paul mit seinem Hund fast alleine. Nur ein paar andere Hundebesitzer sind bei diesem Wetter am Strand. Und eine Familie, die gemeinsam einen **Drachen** steigen lässt.

„Wenn ich **2.** ______ Hause zurückkomme, muss ich unbedingt die Heizung anmachen", denkt Paul. Er überlegt sich, dass er später noch seine Tochter Anni anrufen will.

Anni lebt immer noch **3.** ______ Hamburg und arbeitet dort als Journalistin beim Hamburger Morgenblatt. Obwohl Hamburg nur eine Autostunde von Niendorf entfernt ist, sieht Paul Jost seine Tochter sehr selten. Sie **ist** meistens **beschäftigt** und muss oft **4.** ______ Wochenende arbeiten. Deshalb freut er sich sehr auf die Telefonate **5.** ______ ihr.

Das laute **Bellen** von Max reißt ihn aus seinen Gedanken. Max ist direkt zum Wasser gelaufen und steht vor etwas Dunklem. Paul kann nicht sehen, was dort auf dem Boden liegt. Aber Max wirkt sehr aufgeregt.

„Was hast du denn da gefunden?" Paul **nähert sich** Max und seinem Fund. Als er näher kommt, erkennt er, was Max so aufregt. Auf dem Boden liegen **Kleidungsstücke**.

beschäftigt sein	*hier*: viel Arbeit haben
Bellen *n*	ein Geräusch, das ein Hund macht
sich nähern	näher kommen
Kleidungsstück *n*	Gegenstand aus Stoff, Wolle, Leder oder Ähnlichem, den man anziehen kann
sich bücken	den Oberkörper nach unten bewegen
betrachten	intensiv ansehen
Seidenschal *m*	Schal, der aus dem Material Seide hergestellt wurde
auf etw. Wert legen	einer Sache große Bedeutung geben

„Bei diesem Wetter geht doch keiner in der kalten Ostsee baden", denkt Paul und sieht auf das Meer. Er kann niemanden sehen.
Paul **bückt sich**, um die Kleidungsstücke genau zu **betrachten**.

Übung 2: Lesen Sie weiter und ergänzen Sie die passenden Artikel (bestimmt oder unbestimmt)!

Es ist eine schwarze Jeans, 1. __________ weiße Bluse und eine schwarze Strickjacke. Unter der Kleidung findet er auch noch schwarze Schuhe mit hohen Absätzen und 2. __________ **Seidenschal**. An der Strickjacke steckt eine Brosche aus Silber. Es ist ein kleiner Bär. Die Brosche sieht teuer aus. Paul befühlt die Bluse mit 3. __________ Hand. Sie ist von guter Qualität und in Größe 38. Es sind ganz klar die Kleidungsstücke von 4. __________ schlanken Frau, die **Wert auf** gute Kleidung **legt**. Aber wer geht bei diesem Wetter nur mit einer Bluse und einer Strickjacke bekleidet an den Strand? Und wo ist die Frau jetzt? Und warum hat sie ihre Kleidung an 5. __________ Strand gelegt?

„Oh mein Gott", ruft Paul. Ihm kommt ein **schrecklicher** Gedanke. „Hat **sich** die Frau vielleicht **umgebracht**?" Panisch rennt Paul Jost den Strand auf und ab. Er

schrecklich	sehr schlimm
sich umbringen	sich selbst töten

kann nichts im Wasser erkennen. Er holt sein Handy aus der Tasche und wählt die 110 (i).

> *110* ist die Notrufnummer der Polizei. Sie gilt für ganz Deutschland.

„Ich bin am Strand von Niendorf, Richtung ‚Hermannshöhe'. Ich glaube, eine Frau ist ins Wasser gegangen, um sich umzubringen. Es liegen Kleidungsstücke am Strand. Ich kann im Wasser aber niemanden sehen. Mein Name ist Paul Jost. Bitte schicken Sie Hilfe. Ich warte hier."

Während er auf die **Rettungskräfte** wartet, untersucht er die Kleidungsstücke. In einer der Hosentaschen findet er eine Visitenkarte.

Rettungskräfte *pl*	Notarzt, Polizei und Feuerwehr

Übung 3: Lösen Sie das Rätsel. (Ä = AE)

1. Das tragen Männer zum Anzug: □ _ _ _ _ _ _ _

2. Schmuck für die Ohren: _ _ □ _ _ _ _

3. Kurzform für Pullover: _ _ _ _ □

4. Das trägt man an den Füßen: □ _ _ _ _ _

5. Material von Schals und Mützen: □ _ _ _ _

6. Kleidung für die Beine: _ _ _ □

7. Kleidung mit Nadel und Faden herstellen:
□ _ _ _ _ _

8. Kleidung für Frauen zum Schwimmen:
_ _ □ _ _ _ _ _ _

9. lange Jacke: _ _ _ □ _ _

Es ist die Visitenkarte von: _ _ _ _   _ _ _ _ _

2 Ein wichtiges Telefonat

Nach circa zehn Minuten kommt die Polizei mit einem Streifenwagen und einem Krankenwagen. Vom Meer nähert sich ein Boot der **Küstenwache**.

„Guten Tag. Mein Name ist Paul Jost. Ich bin ein Kollege von Ihnen. Ich habe bei der Kripo Hamburg gearbeitet. Ich helfe Ihnen gerne", stellt Paul sich den Rettungskräften vor.

Sie suchen stundenlang die **Küste** ab, aber ohne Erfolg. Wo ist die Besitzerin der Kleidungsstücke? Und wer ist sie?

Küstenwache *f*	Polizei, die auf dem Meer kontrolliert
Küste *f*	Grenze zwischen Meer und Land
etw. abbrechen	*hier*: etw. plötzlich beenden

„Wir **brechen** hier **ab** und nehmen die Kleidungsstücke mit auf das Revier. Vielleicht finden wir dort Hinweise darauf, wem die Sachen gehören", sagt ein kleiner, etwas dicker Polizist zu Paul Jost.

„Bitte kommen Sie heute Nachmittag zu uns auf das Revier. Vielleicht haben wir noch ein paar Fragen an Sie."

Die Rettungskräfte fahren ab und Paul Jost bleibt noch einen Moment mit seinem Hund alleine am Strand. Dann gehen die beiden nach Hause. Es ist schon nach zwölf Uhr und Paul und Max haben noch nicht gefrühstückt. Paul hat großen Hunger. Und er friert.

„Kris Wendt", denkt Paul. „Wer ist Kris Wendt?"

Das ist ganz sicher nicht die Besitzerin der Kleidungsstücke, denn es handelt sich ja um einen Männernamen. Aber dieser Kris Wendt muss die Besitzerin kennen. Paul kann sich nicht auf das Frühstück konzentrieren. Er muss immer wieder an die Besitzerin der Kleidungsstücke denken. Und an die Visitenkarte von Kris Wendt. Er hat sie dem etwas dicken Polizisten am Strand gegeben. Aber dieser hat sich nicht dafür interessiert.

Übung 4: Bilden Sie aus den Wörtern sinnvolle Aussagesätze!

1. Jost gerne seinem am Hund spazieren Strand geht mit

   ____

2. Kleidungsstücke Polizei Besitzerin sucht der die die

   ____

3. Zeit weil Rentner Jost hat ist viel er

   ____

4. Strand wohnt einem am kleinen er in Haus

   ____

5. Morgen geweckt Paul Max am hat

   ____

Auch wenn Paul gern in Niendorf lebt, findet er es manchmal etwas langweilig dort. Aber das scheint [i] sich gerade zu ändern. Er ist ganz aufgeregt.

„Wer ist Kris Wendt?" Er muss wissen, in welcher Beziehung er zur Besitzerin der Kleidungsstücke steht.

Gedächtnis *n*	Erinnerung
entgegnen	antworten, erwidern
ϟ genervt	ohne Lust, ärgerlich, verärgert

Weil er selbst sein ganzes Leben bei der Polizei gearbeitet hat, hat Paul ein gutes **Gedächtnis**. Auf der Visitenkarte stand unter dem Namen eine Telefonnummer mit der Vorwahl 040.
„Das ist die Vorwahl von Hamburg", sagt Paul zu Max. Er steht auf und geht zu seinem Telefon ins Wohnzimmer. Er nimmt den Hörer in die Hand und wählt die Nummer von der Visitenkarte.
„Wendt", meldet sich eine Männerstimme.
„Guten Tag. Mein Name ist Paul Jost. Wir kennen uns nicht, aber ich habe heute Ihre Visitenkarte am Strand von Niendorf gefunden."
„Und was kann ich für Sie tun?", fragt Kris Wendt.
„Die Visitenkarte war bei Kleidungsstücken, die wir am Strand gefunden haben. Aber leider wissen wir nicht, wem die Kleidungsstücke gehören. Vielleicht können Sie uns helfen."
„Das glaube ich nicht. Ich kenne niemanden in Niendorf", **entgegnet** Kris Wendt **genervt**.
„Ich möchte Ihnen die Kleidungsstücke trotzdem gerne beschreiben", sagt Paul Jost.
Während er die Kleidungsstücke beschreibt, wird es am anderen Ende der Leitung ganz still.
„Eine Brosche mit einem Bären? Das sind die Sachen von Lara", flüstert er.

scheinen: 1. *etwas scheint so zu sein* (d. h., dass man sich nicht sicher ist, ob es wirklich so ist) 2. *die Sonne scheint* (d. h., die Sonne leuchtet).

ehemalig	früher, heute nicht mehr
verschwunden sein	plötzlich nicht mehr da sein
Erfahrung *f*	Wissen, das man über viele Jahre gesammelt hat
Fall *m*	*hier*: eine Straftat, die von der Polizei aufgeklärt werden muss

„Wer ist Lara?“, fragt Paul. Er ist zufrieden, denn er hatte recht. Dieser Kris kennt die Besitzerin der Kleidungsstücke.

„Lara Engel. Sie ist die Frau von meinem **ehemaligen** Chef. Wo ist Lara?“

„Das weiß ich leider nicht. Wir suchen sie“, antwortet Paul Jost. „Seit wann **ist** Lara **verschwunden**?“, fragt Paul dann.

„Ich weiß es nicht. Das müssen Sie ihren Mann fragen“, antwortet Kris Wendt.

Nach dem Telefonat macht Paul sich einen Kaffee und setzt sich ans Fenster. Es regnet immer noch.

„Lara Engel“, sagt Paul Jost zu Max. „Wo ist Lara Engel?“

Um 15 Uhr steigt Paul in sein Auto und fährt zum Polizeirevier. Er erzählt dem etwas dicken Polizisten von seinem Telefonat mit Kris Wendt.

„Gute Arbeit, Herr Kollege. Man merkt, dass Sie viel **Erfahrung** haben. Hier in Niendorf haben wir sehr selten mit solchen **Fällen** zu tun. Können Sie uns bei diesem Fall helfen? Sie haben sicher immer noch gute Kontakte nach Hamburg.“ Er sieht Paul Jost bittend an.

„Ich helfe Ihnen sehr gerne“, antwortet Paul. Er freut sich, denn nun hat er endlich wieder etwas zu tun.

„Ich fahre noch heute nach Hamburg und spreche mit dem Mann von Lara Engel. Vielleicht kann er uns weiterhelfen“, sagt Paul und verabschiedet sich.

Auf dem Weg nach Hamburg ruft er seine alten Kollegen an. Niemand in Hamburg weiß, dass Lara Engel verschwunden ist.

„Das ist doch komisch“, denkt Paul Jost. „Warum hat ihr Mann nicht die Polizei angerufen?“

Übung 5: Sind die Aussagen richtig oder falsch?

	richtig	falsch
1. Paul weiß, wem die Kleidungsstücke gehören.	❐	❐
2. Die Vorwahl von Hamburg ist 040.	❐	❐
3. Auf der Brosche ist ein Bär.	❐	❐
4. Lara und Kris waren Kollegen.	❐	❐
5. Paul hat in Hamburg gearbeitet.	❐	❐

Nach einer Stunde kommt Paul in Hamburg an. Er freut sich, die Stadt wiederzusehen. Sie erinnert ihn an seine Frau und seine Tochter. Er **beschließt**, bald wieder seine Tochter zu besuchen. Es ist 18.00 Uhr. Er steht vor einem riesigen Haus direkt an der Elbe. Wie im Stadtteil Blankenese wohnen hier fast nur reiche Menschen. Vor dem Haus stehen drei Luxusautos und ein großer Garten grenzt an den **Elbstrand**. Paul klingelt.

beschließen	eine Entscheidung treffen
Elbstrand *m*	Strand am Ufer des Flusses Elbe im Hamburger Stadtgebiet
kräftig	*hier*: von großem und starkem Körperbau

„Ja, bitte?“, ertönt es durch die Sprechanlage.
„Guten Tag. Mein Name ist Paul Jost. Ich komme von der Polizei in Niendorf und ich muss mit Herrn Engel sprechen.“
Die Stimme antwortet nicht. Aber das große Tor öffnet sich und Paul geht auf das elegante, weiße Haus zu.

In der Haustür steht ein großer, **kräftiger** Mann. Er muss circa fünfzig Jahre alt sein. Er trägt einen dunkelblauen Anzug mit einem weißen Hemd. In seiner Anzugtasche steckt ein kleines Seidentuch. Er sieht nervös aus.
„Bitte kommen Sie rein. Mein Name ist Bernd Engel. Ich bin der Mann von Lara. Wo ist meine Frau? Haben Sie Lara gefunden? Ist etwas passiert?"
„Das wissen wir nicht. Deshalb habe ich ein paar Fragen an Sie", antwortet der pensionierte Kommissar. Er folgt Bernd Engel in das Haus. Es macht auch von innen einen **luxuriösen** Eindruck.

Übung 6: Lesen Sie weiter und ergänzen Sie die passenden Verben im Präsens!

erzählen | sein | aufspringen | zeigen | haben

„Bitte setzen Sie sich!" Bernd Engel **1.** ______ auf das Sofa in dem großen, hellen Wohnzimmer.
Paul Jost erzählt ihm gleich von den Kleidungsstücken am Strand.
„Ja", sagt Engel, „das **2.** ______ die Kleidungsstücke meiner Frau. Ich habe Lara seit meinem Geburtstag am letzten Donnerstag nicht mehr gesehen. Sie hat viel Wein getrunken und wir **haben** uns **gestritten.** Dann habe ich sie nicht mehr gesehen."
Paul Jost **3.** ______ ihm von der Visitenkarte.
„Wissen Sie, warum sie diese Karte in der Tasche hatte?"
Bernd Engel **4.** ______. Er ist ganz rot im Gesicht.

„Ich wusste es! Ich wusste es die ganze Zeit!", **brüllt** er.
„Was wussten Sie?", fragt Paul Jost.
„Sie ist wieder zu ihm gegangen. Ich wusste es die ganze Zeit. Die beiden **5.** ________ eine Affäre und ich wusste es." Bernd Engel läuft im Wohnzimmer auf und ab.

Er erzählt dem ehemaligen Kommissar, dass Kris Wendt sein Assistent war. Dann hat er von der Affäre erfahren und ihm gekündigt. Lara hat ihm versprochen, dass sie Kris nie wiedersieht. Deshalb **hat** er Lara **verziehen**.
„Dieses Mal verzeihe ich ihr nicht. Sagen Sie das Lara. Sie finden Sie sicher bei diesem **Mistkerl**."
„Können Sie mir ein Foto von Ihrer Frau geben?", fragt Paul Jost Bernd Engel und steht auf.
Engel gibt ihm ein Foto. Auf dem Bild ist eine schöne, schlanke Frau zu sehen. Sie hat lange, blonde Haare und grüne Augen. Sie lacht in die Kamera. Jost schaut sich das Bild genau an. Er bemerkt **etwas Auffälliges**. An ihrem Kinn hat sie ein großes **Muttermal**. Es hat die Form eines Herzens.
„Vielen Dank für das Foto. Kann ich es mitnehmen?", fragt Paul Jost und geht zur Haustür.

luxuriös	sehr teuer
streiten	*hier*: heftig diskutieren
brüllen	*hier*: sehr laut und wütend sprechen
verzeihen	jm. einen Fehler nachsehen, eine Entschuldigung akzeptieren
Mistkerl *m*	schlechter, unehrlicher Mann
etw. Auffälliges	*hier*: eine Einzelheit, die man sofort bemerkt
Muttermal *n*	dunkler Fleck auf der Haut

Bernd Engel nickt.
Paul Jost geht zu seinem Auto zurück. Er **ist verwirrt.** Der Fall scheint gar nicht so einfach zu sein.

verwirrt sein	in einem Zustand sein, in dem sich die Gedanken schlecht ordnen lassen

„Vielleicht ist Lara bei Kris. Aber dieser wohnt auch in Hamburg. Warum hat er die Kleidungsstücke dann in Niendorf gefunden? Und warum hat Lara sie dort ausgezogen, wenn sie scheinbar gar keine Verbindung zu diesem Ort hat?"
Er schaut auf die Uhr. Es ist schon fast 19 Uhr. Er muss zurück nach Niendorf zu Max.
„Dann besuche ich diesen Kris Wendt aber gleich morgen früh. Vielleicht kann er mir noch mehr Informationen geben. Oder vielleicht finde ich Lara Engel wirklich bei ihm", denkt Paul.
Auf dem Heimweg ruft er seine Tochter Anni an und verabredet sich mit ihr am nächsten Tag zum Mittagessen.

Übung 7: Finden Sie sechs deutsche Städte!

H	X	E	B	O	N	N
A	D	K	Ö	L	N	W
M	Ü	N	C	H	E	N
B	C	K	Y	S	T	Z
U	T	P	L	U	D	J
R	B	E	R	L	I	N
G	R	U	I	M	A	R

3 Eine erste Spur

Es ist erst halb sechs, aber Paul ist schon wach. Er kann nicht mehr schlafen. Er muss an Lara, Bernd Engel und diesen Kris denken. Irgendetwas ist komisch an der Geschichte. Aber er weiß nicht, was es ist.
Heute ist er es, der seinen Hund weckt. Um diese Uhrzeit gehen die beiden normalerweise nie spazieren. Aber heute müssen sie sich beeilen, denn das wird ein langer Tag.
Sie gehen wieder am Strand entlang. Danach bringt Paul seinen Hund zu einer Nachbarin. Sie mag Hunde und passt gerne auf Max auf, wenn Paul nicht zu Hause ist.
Gegen neun Uhr steigt er in sein Auto und macht sich auf den Weg nach Hamburg. Um diese Zeit ist die Autobahn leer. Der Berufsverkehr ist vorbei und er kommt schon nach fünfzig Minuten in Hamburg an. Er muss nicht lange suchen, bis er den Stadtteil findet, in dem Kris Wendt lebt. Paul kennt sich in Hamburg immer noch gut aus.

Hochhaus *n* — ein Haus mit sehr vielen Etagen

Er parkt sein Auto vor einem alten **Hochhaus**.
„Dieses Haus ist das Gegenteil von der Villa der Familie Engel", denkt er und sucht den Namen ‚Wendt' unter den vielen Klingelschildern am Eingang.
Kurze Zeit später sitzt Paul Jost bei Kris Wendt im Wohnzimmer auf dem Sofa und trinkt eine Tasse Kaffee.

„Warum haben Sie mir nichts von Ihrer Affäre mit Lara erzählt?", fragt er Wendt.

Übung 8: Ergänzen Sie die passenden Modalverben!

können müssen dürfen wollen

1. ________ ich mal dein Handy benutzen?
2. Paul Jost ________ nicht mehr arbeiten.
3. Wir ________ am Wochenende ins Kino gehen.
4. Sie ________ eine Tablette nehmen, wenn Sie Schmerzen haben.
5. Der ehemalige Kommissar ________ seine Tochter besuchen.

Kris Wendt sitzt nervös auf einem Stuhl gegenüber dem Sofa. „Die Affäre habe ich letzte Woche beendet. Lara wollte das nicht verstehen, aber ich konnte nicht mehr so weitermachen. Ich liebe sie. Aber sie will ihren Mann nicht verlassen. Darum habe ich mich von Lara getrennt. Danach habe ich sie nicht mehr gesehen. Bis Donnerstag. Da hat sie in der Nacht bei mir geklingelt. Sie wollte zu mir. Aber ich habe ihr gesagt, dass sie gehen soll. Sie wird ihren Mann nie verlassen. Ich werde immer nur die zweite Geige spielen. Seitdem habe ich leider nichts mehr von ihr gehört."

die zweite Geige spielen	*hier*: nicht die Nummer eins sein, nicht im Vordergrund stehen
mit hängenden Schultern	traurig, ohne Körperspannung

Kris Wendt sitzt mit hängenden Schultern auf seinem Stuhl.

„Ich bin schuld. Wenn etwas passiert ist, bin ich schuld. Sie hatte viel getrunken und ich habe sie weggeschickt. Und nun ist sie verschwunden. Das ist alles meine Schuld", **schluchzt** er.

„Glauben Sie, dass sich Lara umgebracht hat?"

„Ich weiß es nicht. Sie war so wütend. Sie hat laut geschrien. Alle Nachbarn haben sie gehört. Und dann ist sie weggelaufen."

Plötzlich klingelt das Handy von Paul Jost. Er hört ein paar Minuten aufmerksam zu, dann sagt er: „Vielen Dank für Ihren Anruf, Herr Engel. Ich komme sofort zu Ihnen und werde ein paar Kollegen von der Kripo mitbringen. Bleiben Sie in Ihrem Haus. Öffnen Sie niemandem die Tür. Ich bin sofort bei Ihnen." Paul steckt sein Handy weg und steht auf.

schluchzen	laut weinen
Erpresserbrief *m*	Brief, mit dem man jn. zwingen will etwas zu tun (meist wird Geld gefordert)
entführen	jn. mitnehmen, ohne dass die Person das will
blass	*hier*: keine Farbe im Gesicht haben
ein Stück vom Kuchen abbekommen	*hier*: am Geldsegen teilhaben

„Es gibt etwas Neues von Lara. Herr Engel hat einen **Erpresserbrief** bekommen. Jemand hat Lara **entführt**. Ich fahre jetzt zu Herrn Engel. Und Sie bleiben bitte hier. Ein Kollege wird gleich bei Ihnen vorbeikommen. Wir haben noch ein paar wichtige Fragen an Sie."

Kris Wendt sitzt **blass** auf dem Stuhl und starrt auf den Boden. Dann sieht er Jost an.

„Sie glauben aber nicht, dass ich Lara entführt habe, oder?"

„Ich glaube nichts. Ich suche nach Tatsachen. Und Familie Engel ist reich. Das wissen Sie. Vielleicht wollten Sie auch **ein Stück vom Kuchen abbekommen**."

„Nein! Das stimmt nicht! Ich habe Lara geliebt. Ich könnte sie niemals entführen. Das müssen Sie mir glauben. Und Sie müssen Lara finden." Wendt hält Paul Jost am Arm fest und sagt eindringlich: „Das müssen Sie mir versprechen."

promise

Übung 9: Welche Antwort ist richtig? Kreuzen Sie an!

1. Wer passt auf Max auf?
   - ❒ a) die Nachbarin
   - ❒ b) Josts Tochter
   - ❒ c) niemand
2. Wo sitzt Kris?
   - ❒ a) auf dem Sofa
   - ❒ b) auf einem Stuhl
   - ❒ c) auf dem Boden
3. Wann hat Kris Lara das letzte Mal gesehen?
   - ❒ a) am Samstag
   - ❒ b) am Donnerstag
   - ❒ c) letzte Woche
4. Wer ruft Paul Jost an?
   - ❒ a) seine Tochter
   - ❒ b) Bernd Engel
   - ❒ c) Lara Engel
5. Was soll Paul Jost Kris Wendt versprechen?
   - ❒ a) nach Hause zu fahren
   - ❒ b) die Kripo anzurufen
   - ❒ c) Lara zu finden

jm. etw. versprechen	jm. zusichern, dass man etw. macht
unschuldig	ohne Schuld
etw. vergraben	etw. im Boden verstecken
Zaun *m*	Abgrenzung eines bestimmten Bereiches (z. B. Grundstück) durch eine Vorrichtung aus Holz oder Metall

„Ich muss Ihnen nichts **versprechen**. Ich muss jetzt zu Herrn Engel fahren und dann Lara finden."
Paul Jost verlässt entschlossen die Wohnung, geht die Treppe nach unten und setzt sich in sein Auto. Bevor er losfährt, ruft er seine ehemaligen Kollegen bei der Kriminalpolizei Hamburg an. Sie sollen zu Bernd Engel kommen. Einen weiteren Wagen schickt er zu Kris Wendt. Paul ist sich nicht sicher, ob dieser wirklich **unschuldig** ist. Hat er Lara entführt? Wendt weiß, dass Lara sehr reich ist. Und er wohnt in dieser kleinen Wohnung.
Nach fünfzehn Minuten erreicht Paul fast gleichzeitig mit den Kollegen von der Kripo die Villa. Bernd Engel ist noch nervöser als am Vortag. Er zeigt ihnen den Erpresserbrief:

„Wollen Sie Lara lebend wiedersehen?
Das kostet Sie 500.000 Euro, oder Lara muss sterben.
Vergraben Sie das Geld am Elbstrand direkt vor Ihrer Tür
im Sand. Und keine Polizei!!!!"

„Der Brief lag heute Morgen vor meiner Haustür", sagt Bernd Engel. „Vor Ihrer Tür?", fragt Jost. „Wie ist die Person denn direkt an die Haustür gekommen? War das große Tor am Eingang offen?"
„Nein, es war geschlossen. Jemand muss über den **Zaun** gestiegen sein", antwortet Engel.
Der Kommissar dreht sich um und betrachtet den Zaun am Ende des Gartens.

„Der Zaun ist zwei Meter hoch. Das glaube ich nicht“, sagt Jost. „Er muss auf einem anderen Weg zum Haus gekommen sein.“

Die Polizisten von der Kripo untersuchen jeden Zentimeter im Haus und im Garten. Aber sie finden keinen **Hinweis** auf den Entführer. Keine Fingerabdrücke, keine anderen Spuren. Aber wie ist der Brief vor die Haustür gekommen? Jemand[i] muss hier gewesen sein.

Hinweis *m*	Tipp
Anweisung *f*	*hier*: Befehl darüber, was zu tun ist
sich zur Ruhe setzen	in Rente gehen, nicht mehr arbeiten
prahlen	angeben

„Was soll ich jetzt machen? Soll ich das Geld bezahlen?“, fragt Bernd Engel.

„Nein. Sie bleiben hier im Haus und warten auf unsere **Anweisungen.** Bitte unternehmen Sie nichts alleine. Hat Lara noch etwas mitgenommen, als sie gegangen ist?“

Bernd Engel sieht sich um.

„Ihre Handtasche ist nicht da. In der Tasche waren auch ihre Geldbörse und ihr Handy. Aber ich habe schon versucht, sie anzurufen. Das Handy ist ausgeschaltet“, antwortet Bernd Engel.

Paul Jost notiert sich alles in einem kleinen Heft. Er schreibt auch die Handynummer von Lara auf.

„Das ist doch merkwürdig“, denkt er. „Warum habe ich nur ihre Kleidung am Strand gefunden? Wo ist ihre Handtasche?“

Nach zwei Stunden fährt Jost mit seinen ehemaligen Kollegen weg. Ein junger Kollege bleibt bei Bernd Engel. Er soll auf ihn aufpassen.

Jemand oder *niemand*?

Jemand steht für irgendeine unbekannte Person.

Niemand ist die Verneinung von *jemand* und steht für *keine einzige Person*.

„Hat **jemand** meine Brille gesehen?“
„Nein, tut mir leid. **Niemand** hat sie gesehen.“

Übung 10: Lesen Sie weiter und ergänzen Sie die passenden Nomen!

Jost fährt zu seiner Tochter Anni. Es ist spät, aber er freut sich auf sie. Zumindest eine 1. __________ Tee können sie noch gemeinsam trinken.
Anni wohnt in einer schönen, kleinen 2. __________ im Zentrum von Hamburg. Sie wohnt dort schon seit Jahren. Anni lebt alleine. Sie ist ledig und arbeitet von morgens bis abends als Journalistin. Der Beruf ist ihr ganzes Leben. Paul hofft immer, dass sie einen 3. __________ kennenlernt. Er wünscht sich Enkelkinder.
„Papa, du bist Rentner. Kannst du dich nicht einfach **zur Ruhe setzen** und deine Freizeit genießen?", fragt sie.
Paul hat ihr von der Kleidung am 4. __________, von Lara, Kris und dem 5. __________ erzählt.

„Findest du die ganze Sache nicht merkwürdig?", entgegnet er.
„Was ist daran merkwürdig? Eine reiche Frau ist verschwunden. Jeder in Hamburg weiß, dass sie und ihr Mann viel Geld haben. Ich habe schon viele Zeitungsartikel über die beiden geschrieben. Über ihre Partys und ihr Luxusleben. Lara **hat** mit ihrem Geld **geprahlt**."
Paul trinkt einen Schluck Tee und denkt nach.
„War es wirklich so einfach?"
Die beiden unterhalten sich noch über ihren Alltag in Hamburg und Niendorf. Nach einer Stunde verabschieden sie sich. Paul

muss nach Niendorf zurück. Max wartet immer noch bei seiner Nachbarin auf ihn.

„Kannst du mir die Artikel über Lara und Bernd Engel per E-Mail schicken?", fragt er beim Abschied.

„Ja, klar. Ich schicke sie dir morgen früh", antwortet seine Tochter.

Übung 11: Finden Sie die passenden Konnektoren und lösen Sie so das Treppenrätsel!

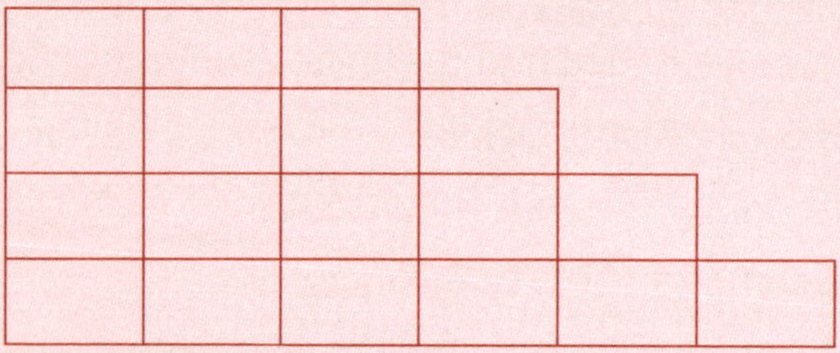

1. Kannst du mir sagen, ______________ das ist?
2. Ich bin mir sicher, ______________ ich alle Antworten weiß.
3. Ich fühle mich zu dick. ______________ mache ich mehr Sport.
4. Wir machen einen Spaziergang, ______________ es kalt ist.

4 Wer hat Lara entführt?

Es ist Montagmorgen. Paul Jost wacht auf und sieht auf die Uhr. Es ist halb sieben. Max hat ihn geweckt. Wie jeden Morgen.
Paul steht auf und geht in die Küche. Er sieht aus dem Fenster. Alles ist weiß. In der Nacht hat es geschneit.
„Na super", denkt er. „Dann kann ich heute nicht nach Hamburg fahren. Bei dem Wetter brauche ich ja Stunden auf der Autobahn."
Er macht sich einen Kaffee und öffnet sein Laptop. Er hat eine neue Nachricht von Anni. Sie hat ihm die Zeitungsartikel über Lara und Bernd Engel geschickt. Er will sie sofort lesen. Aber zuerst muss er mit Max spazieren gehen. Der fröhliche, braune Hund wartet schon an der Tür.

übersehen	nicht sehen, nicht bemerken
bedecken	zudecken, verhüllen
etw. anhängen	*hier*: ein Dokument zu einer E-Mail hinzufügen (als Anhang)

Paul und Max gehen denselben Weg wie am Samstagmorgen. Paul will noch einmal den Strand absuchen. Vielleicht haben die Einsatzkräfte und er etwas **übersehen**. Aber er findet nichts. Der Schnee **hat** alles **bedeckt**. Aber Max hat Spaß im Schnee. Paul formt aus dem Schnee Bälle und wirft sie. Und Max versucht, die Bälle im Schnee zu finden.
Nach einer Stunde gehen die beiden nach Hause. Paul kocht sich noch einen Kaffee und setzt sich an sein Laptop. Er öffnet die E-Mail von Anni. Sie **hat** vier Zeitungsartikel **angehängt**.

Übung 12: Wie heißt das Gegenteil? Ordnen Sie zu und ergänzen Sie die passende Endung!

klug | schnell | hässlich | unfreundlich | langweilig

1. ein spannendes Buch	a) ein ________ Auto
2. eine freundliche Frau	b) ein ________ Film
3. ein dummer Mensch	c) ________ Kleidung
4. ein langsames Fahrrad	d) ein ________ Mann
5. schöne Blumen	e) ein ________ Kind

Die ersten drei berichten von Partys in der Villa der Engels. Auf den Fotos sieht man Lara mit verschiedenen **Prominenten**. Die Artikel geben Paul keine neuen Informationen. Dann öffnet er den letzten Artikel.

Er handelt von Laras bisherigem Leben. Sie ist in einem kleinen Dorf bei Lübeck geboren. Ihr Vater war Fischer und ihre Mutter Hausfrau. Lara hat drei Geschwister. Sie ist **in einfachen Verhältnissen aufgewachsen**. Dann hat sie Bernd kennengelernt. Er ist ein erfolgreicher Geschäftsmann aus Hamburg. Sie haben schnell geheiratet, aber keine Kinder bekommen. In den letzten Jahren hat Lara oft Alkohol getrunken und war auf vielen Partys. Auch ohne ihren Mann. Auf vielen dieser Partys war Kris Wendt ihr Begleiter.

Prominente *pl*	Personen, die sehr bekannt sind
in einfachen Verhältnissen aufwachsen	als Kind in einem Umfeld leben, in dem man sich finanziell nicht viel leisten kann
gewöhnlich	normal

„Das hat Bernd Engel sicher nicht gefallen, dass seine Frau und

sein Assistent oft zusammen weggegangen sind. Oder was meinst du?", fragt Paul seinen Hund. Max liegt vor ihm auf dem Boden und sieht ihn müde an.
„Ich glaube, wir beide machen heute Nachmittag einen Ausflug und besuchen die Eltern von Lara."
Paul steht auf und sucht das Telefonbuch. Michalski, das war der Mädchenname von Lara. Das weiß er aus dem Zeitungsartikel. Kein **gewöhnlicher** Name. Und er hat Glück. Im Umkreis von Lübeck gibt es nur eine Familie Michalski.
Am Nachmittag fährt er mit Max nach Bad Serau, einem kleinen Ort bei Lübeck. Die Landstraßen sind zum Glück frei.
„A1 Richtung Hamburg. Zehn Kilometer Stau nach einem Unfall", hört er im Radio. Er ist froh, heute nicht nach Hamburg zu müssen.

Übung 13: Was ist auf der A1 passiert? Entwirren Sie den Buchstabensalat!

1. TUSA _ _ _ [ ]
2. ATESSNTIS _ _ _ _ _ _ _ [ ] _
3. FÜHENTREN _ _ _ [ ] _ _ _ _ _
4. NAMITCHTAG _ [ ] _ _ _ _ _ _ _ _
5. KÜGLC _ [ ] _ _ _
6. ZTEISARULNGTIKE _ _ _ _ _ _ _ _ _ _ _ _ _ _ [ ]

Lösung: Zehn Kilometer Stau nach einem _ _ _ _ _ _.

Er parkt das Auto in der Nähe der Adresse und öffnet seine **Beifahrertür**. Max springt sofort aus dem Auto. Er freut sich über den Ausflug.

Beifahrertür *f*	die rechte vordere Tür eines Autos
zornig	sehr wütend
sich etw. leihen	von jm. etw. bekommen, das man später zurückgeben muss
enttäuscht	traurig

Sie gehen ein Stück. Dann kommen sie zu einem alten Haus. Das Tor ist kaputt. Deshalb geht Paul direkt zur Haustür und klingelt. Niemand öffnet ihm. Er klingelt noch einmal. Als er gerade gehen will, kommt eine ältere Frau durch das kaputte Tor.
„Kann ich Ihnen helfen?“, fragt sie.
„Ich suche Herrn oder Frau Michalski“, antwortet Paul Jost.
„Ich bin Frau Michalski. Was wollen Sie von uns?“ Die Frau wirkt ängstlich.
„Ich suche Ihre Tochter Lara. Wissen Sie, wo Lara ist?“
„Die finden Sie hier nicht“, entgegnet die Frau.
„Aber wo kann ich sie dann finden?“
„Wahrscheinlich bei ihren reichen Freunden in Hamburg. Wir interessieren sie nicht. Wir sind nicht ihr Niveau“, sagt die Frau mit **zorniger** Stimme.
Es ist die Mutter von Lara. Sie hat Lara seit drei Jahren nicht mehr gesehen. Sie ist sehr enttäuscht von Lara. Lara ist jetzt reich. Trotzdem hat sie ihrer Familie nie geholfen. Auch nicht, als ihr Vater krank war und nicht mehr arbeiten konnte. Sie hat sich nur für Partys interessiert. Ihr Bruder Mark war letztes Jahr bei Lara in Hamburg. Er wollte **sich** Geld **leihen**. Für seine Eltern. Aber Lara hat ihm nicht die Tür geöffnet.
„Und jetzt gehen Sie bitte und lassen uns in Ruhe“, sagt Frau Michalski und geht ins Haus.
‚Haben die Michalskis Lara entführt, weil sie das Geld brau-

chen?', überlegt Jost. Aber das glaubt er nicht. Die Frau ist alt und **enttäuscht** von ihrer Tochter, aber keine Entführerin.
Paul Jost geht zu seinem Auto zurück. Er hat immer noch keine Idee, wo Lara sein könnte und wer sie entführt haben könnte. Auf dem Weg zu seinem Auto schaut er auf sein Handy. Jemand hat ihn dreimal angerufen. Es sind die Kollegen von der Polizei in Niendorf. Paul erzählt ihnen, was in den letzten beiden Tagen passiert ist.

Übung 14: Wandeln Sie die Sätze ins Passiv um!

1. Paul Jost trinkt einen Kaffee.

   ____

2. Der Entführer schreibt einen Erpresserbrief.

   ____

3. Martin putzt das Auto.

   ____

4. Der Mann ruft die Polizei an.

   ____

5. Ich kaufe die Kirschen ein.

   ____

„Gute Arbeit, Herr Jost. Zum Glück haben wir Sie. Bitte melden Sie sich, wenn es etwas Neues gibt. Wir haben auch etwas, das Sie interessieren könnte: Das Labor hat die Kleidungsstücke von Frau Engel untersucht. Es gibt keine Spuren. Nur ein paar Haare von Frau Engel. Das ist wirklich alles sehr merkwürdig. Jemand muss die Kleidung ja an den Strand gelegt haben. Aber Sie werden den Fall sicher lösen. Wir vertrauen Ihnen und Ihrer Erfahrung“, sagt der Kollege und verabschiedet sich.

Paul und Max machen sich auf den Heimweg. Zum Glück schneit es nicht mehr und die Straßen sind auch frei.

sicherheitshalber	zur Sicherheit
Alibi *n*	*hier*: Beweis, dass man zur Tatzeit nicht an einem bestimmten Ort war
überprüfen	kontrollieren
wie verhext	*hier*: etw. will einfach nicht gelingen
Leiche *f*	toter Körper
murmeln	leise und undeutlich sprechen

Zu Hause muss er noch einmal an die Familie von Lara denken. Ist sie wirklich unschuldig?

Sicherheitshalber ruft Paul Jost seine Kollegen bei der Polizei Niendorf an und bittet sie, die **Alibis** der ganzen Familie Michalski zu **überprüfen**.

Gegen acht Uhr am Abend ruft der Kollege ihn zurück. Alle haben ein Alibi für die Zeit zwischen Donnerstagabend und Sonntagmorgen. Niemand kann Lara entführt haben oder den Erpresserbrief zu der Villa nach Hamburg gebracht haben.

Es ist **wie verhext**. Wer hat Lara Engel entführt und wo ist sie jetzt?

„Morgen werde ich noch einmal mit diesem Kris sprechen. Irgendetwas war komisch an ihm“, denkt er.

An diesem Abend will Paul Jost nicht über Lara und die Entführung nachdenken. Die Kollegen in Hamburg passen auf Bernd Engel auf. Sie wollen sofort anrufen, wenn der Entführer sich noch einmal meldet. Im Moment kann er nichts tun.

Paul Jost entschließt sich, etwas essen zu gehen. Er hat schon

lange keinen Fisch mehr gegessen. Am Hafen von Niendorf gibt es ein leckeres Restaurant mit frischem Fisch. Paul zieht sich seine dicke Jacke an und macht sich auf den Weg zum Restaurant. Es ist ein kalter Abend und nur wenige Menschen sind auf der Straße. Nach ungefähr zehn Minuten erreicht er das Restaurant. Es sind viele Tische frei. Er setzt sich an einen Tisch direkt am Fenster. Von dort aus kann er den Hafen und die Schiffe sehen. Der Kellner kommt und Paul bestellt frischen Fisch mit Kartoffeln und dazu ein Glas Weißwein. Er sieht auf das Meer. Ist Lara vielleicht doch tot und ihre **Leiche** ist irgendwo dort im Meer? Er muss immer wieder an (i) den Fall denken.
Nach dem Essen geht er direkt nach Hause. Er ist sehr müde. Die letzten Tage waren für einen Rentner sehr anstrengend.

Am nächsten Morgen weckt ihn nicht Max, sondern das Handy.
„Ja?"
„Paul, es gibt Neuigkeiten im Fall Lara Engel." Es ist sein Kollege von der Kripo in Hamburg.
„Wir haben ein Stück von einer Jacke an einem Baum im Garten der Familie Engel gefunden. Das müssen wir beim ersten Mal übersehen haben. Mein Kollege hat es heute Morgen durch Zufall entdeckt. Es gehört zu einer grünen Winterjacke. Vielleicht zu der Jacke des Entführers."
„Das ist ja sehr interessant", **murmelt** Jost. Hat Kris Wendt nicht eine grüne Jacke? Er hat sie an der Garderobe in seiner Wohnung gesehen. Aber war sie kaputt? Das hat er so schnell nicht erkennen können.

> (i) Viele Verben im Deutschen brauchen eine Präposition. Diese lernt man am besten immer mit.
> Zum Beispiel: *denken an, sprechen mit, aufpassen auf, enttäuscht sein von.* Die Präposition zeigt, ob danach Dativ oder Akkusativ steht.
> *Ich denke an den Urlaub.* **Aber:** *Ich telefoniere mit meinem Mann.*

Übung 15: Lesen Sie weiter und korrigieren Sie die fünf Fehler!

Paul Jost steht schnell auf und zieht sich an. Er ruft seine Nachbarin an. Sie ist auch Rentnerin und Witwe. Ihr Mann ist seit zwei Jahren gestorben. Manchmal gehen die beiden mit Max zusammen an Strand spazieren und trinken eine tasse Tee. Paul trifft sich gerne mit sie. Dann ist er nicht mehr ganz so allein und kan sich mit jemandem unterhalten.

1. ______________________
2. ______________________
3. ______________________
4. ______________________
5. ______________________

„Ja, kein Problem. Max kann heute bei mir bleiben. Ich freue mich immer über Gesellschaft. Du kannst ihn sofort bringen. Ich gehe dann mit ihm spazieren“, bietet ihm seine Nachbarin an. Paul freut sich und **nimmt sich vor**, seine Nachbarin zum Essen einzuladen. Aber jetzt muss er zuerst den Fall lösen.

Es ist neun Uhr. Paul klingelt an der Tür von Wendt. Sie wird geöffnet und Kris Wendt erscheint im Schlafanzug.

„Was machen Sie denn so früh hier?“, fragt er müde.

Paul Jost geht in den Flur. Dort hängt die grüne Jacke. Er nimmt sie in die Hand und untersucht sie. Es fehlt ein Stück.

„Warum ist die Jacke kaputt?“, fragt er Kris Wendt.

„Das weiß ich nicht. Das habe ich noch gar nicht gemerkt.“

„Kann es sein, dass das Stück Ihrer Jacke im Garten von Familie Engel an einem Baum hängt?“, fragt Jost.

„Nein, das kann nicht sein. Ich war seit Monaten nicht mehr in diesem Garten“, entgegnet er.

„Ich weiß nicht, wo ich meine Jacke kaputt gemacht habe. Aber nicht im Garten von den Engels.“

„Das werden wir ja sehen. Ich rufe jetzt erst mal die Kollegen. Sie werden dann die Jacke untersuchen.“

sich etw. vornehmen	etw. planen
Polizeirevier *n*	Gebäude, in dem die Polizei ihre Büros hat
Aufenthaltsort *m*	der Ort, an dem sich jd. im Moment befindet / aufhält
behaupten	etw. überzeugt / mit Sicherheit sagen

Schon nach wenigen Minuten kommen die Kollegen von der Kripo Hamburg bei Kris Wendt an. Sie haben das Jackenstück dabei. Es passt genau zu der Jacke.

„Also doch!“, murmelt Jost sichtlich zufrieden.

Und ein anderer Polizist sagt laut und bestimmt: „Herr Wendt, Sie müssen uns leider auf das **Polizeirevier** begleiten. Wir haben einige Fragen an Sie. Zum Beispiel möchten wir wissen, wo Sie Frau Engel versteckt haben.“

„Ich habe Lara nicht entführt. Ich bin unschuldig“, ruft Kris Wendt aufgeregt.

Die Polizeibeamten nehmen Kris mit auf das Revier. Paul Jost und ein Kollege bleiben noch in der Wohnung. Sie suchen nach Hinweisen auf Laras **Aufenthaltsort**. Aber sie finden nichts. Nach drei Stunden verlassen sie die Wohnung. Jost ruft seine Kollegen an. Aber sie wissen auch noch nicht, wo Lara ist. Kris Wendt **behauptet** immer noch, dass er Lara nicht entführt hat.

„Ich rufe jetzt meine Tochter an“, sagt Jost, „vielleicht kann sie uns helfen. Wir müssen Lara schnell finden.“
Er ruft Anni an und erzählt ihr von den neuen Ergebnissen.

Übung 16: Welche Aussage ist richtig? Kreuzen Sie an!

1. Die Nachbarin passt auf Max auf. ☐
2. Im Flur hängt die Jacke von Paul. ☐
3. Die Polizei nimmt Kris mit. ☐
4. Kris gesteht die Entführung. ☐
5. Jost telefoniert mit Anni. ☐

„Irgendwie ist die ganze Geschichte sehr merkwürdig“, sagt Anni. „Es gibt nur den Erpresserbrief und das Stück Jacke. Aber der Erpresser will doch die halbe Million Euro bekommen. Warum meldet er sich dann nicht mehr?“
Jost **stimmt** Anni **zu**. Das ist wirklich sehr merkwürdig. Anni sagt, dass sie einen Artikel mit einem Foto von Lara in die Zeitung setzen will. Vielleicht hat einer der Leser etwas mitbekommen.

zustimmen die gleiche Meinung haben

5 Ein bekannter Duft

Auch drei Tage später ist Lara noch verschwunden. Niemand hat sie gesehen. Kris behauptet immer noch, dass er sie nicht entführt hat. Aber warum war das Stück Jacke an dem Baum im Garten? Die Polizei glaubt, dass Kris schuldig ist. Deshalb ist er auch noch auf dem Revier.

Paul Jost hat keine Idee, wo er Lara suchen kann. Ist sie vielleicht schon tot? Hat sie genug zu essen und zu trinken?

Die letzten Tage war Paul nur unterwegs. Er hatte wenig Zeit für Max. Deshalb will er heute mit ihm einen langen Spaziergang am Strand unternehmen. Es ist kalt, aber die Sonne scheint und es ist nicht sehr windig. Das perfekte Wetter für einen Spaziergang am Ostseestrand.

„Vielleicht kann Kris uns zu Lara führen“, überlegt er.

„Wenn wir Kris freilassen und er zu Lara fährt, dann können wir sie finden. Das ist unsere letzte Chance. Wenn wir zu Hause sind, rufe ich gleich die Kollegen an“, sagt er zu Max.

Die beiden laufen auch heute wieder von Niendorf in Richtung Lübecker Bucht. Dort gibt es ein schönes Strandcafé mit leckeren Waffeln. Er will dort eine heiße Schokolade trinken und eine frische Waffel essen. Danach möchte er mit Max nach Hause zurückgehen und es sich gemütlich machen. Er ist ja Rentner!

Der Strand ist auch heute fast leer und Max kann im Sand spielen. Es ist etwas wärmer, weshalb auch kein Schnee mehr liegt. Paul will sich entspannen, aber er muss immer wieder an Lara

Engel denken. Vor fast einer Woche hat er genau hier die Kleidungsstücke gefunden. Er bleibt kurz stehen und sieht sich um. Aber auch heute kann er keinen Hinweis entdecken.

Übung 17: Welche Wörter passen zusammen? Ordnen Sie zu und vervollständigen Sie die Wörter!

1. ☐ Strand________________ a) -tier
2. ☐ Beifahrer________________ b) -tür
3. ☐ Haus________________ c) -umschlag
4. ☐ Brief________________ d) -spaziergang

Er geht weiter und kommt nach einer halben Stunde an dem Café an. Es gibt nur wenige Gäste, die draußen in den **Strandkörben** (i) sitzen. Sie haben Decken auf den Beinen und wärmen ihre Hände an den warmen Tee- oder Kaffeetassen.
Paul Jost setzt sich auch in einen Strandkorb, dann kann Max im Sand **schnüffeln** und er kann auf das Meer schauen. Das entspannt ihn immer.
Doch Max interessiert sich nicht für den Strand und die anderen Hunde dort. Er ist zu einem Strandkorb gelaufen und **wedelt mit dem Schwanz**. Kennt er die Person, die darinsitzt? Max setzt sich vor den Strandkorb und bellt.
„Was machst du denn da?", ruft Paul. Aber sein Hund reagiert nicht.
Paul steht auf und geht zu dem Strandkorb. Eine Frau

An der Nordsee und Ostsee ist es oft sehr windig. Deshalb sitzen die Menschen gerne in einem *Strandkorb*. Er schützt sowohl vor Wind als auch vor Sonne, weil man im Schatten sitzt.

sitzt in dem Strandkorb. Sie lächelt Max an.
„Na? Wer bist du denn?“, fragt sie Max.
„Ich muss mich für meinen Hund Max entschuldigen“, antwortet Paul. „Ich weiß auch nicht, was er hat.“
„Kein Problem. Ich mag Hunde“, entgegnet die Frau. Sie hat die Decke um ihren Oberkörper bis zur Nase gewickelt. Sie trägt eine große Sonnenbrille und eine dicke Mütze.

Strandkorb *m*	Korbsessel mit länglicher Sitzbank, der nur nach vorne offen ist, sodass man im Windschatten sitzen kann
schnüffeln	in kurzen Zügen die Luft durch die Nase einziehen, um einen bestimmten Geruch wahrzunehmen (v. a. bei Hunden)
mit dem Schwanz wedeln	Bewegung eines Hundes, wenn er sich freut
ungläubig	*hier*: zweifelnd, misstrauisch
zusammenzucken	vor Schreck eine schnelle, kurze Bewegung machen

„Machen Sie hier Urlaub?“, fragt Paul die Frau.
„Nein. Urlaub ist das nicht“, antwortet sie.
„Und ich will auch nicht unhöflich sein, aber ich muss jetzt gehen“, sagt sie und steht auf.
Ohne die Decke kann Paul das Gesicht der Frau ein bisschen sehen. Er kann es nicht glauben. Die Frau hat am Kinn ein Muttermal. Das Muttermal sieht aus wie ein Herz. Genau wie das Muttermal von Lara!
„Lara Engel?“, fragt er **ungläubig**.
Die Frau **zuckt zusammen**. Sie will weglaufen, aber Paul hält sie am Arm fest.
„Bitte setzen Sie Ihre Sonnenbrille ab“, bittet er die Frau.
Die Frau zieht die Brille vom Gesicht. Paul Jost hatte recht. Es ist Lara Engel.
„Wer sind Sie? Woher kennen Sie mich?“, fragt Lara. Paul kann sehen, dass sie Angst hat.

„Mein Name ist Paul Jost. Ich bin ehemaliger Kriminalbeamter. Ich habe Ihre Kleidung am Strand gefunden. Und ich versuche jetzt, meine Kollegen dabei zu unterstützen, diesen Fall aufzuklären. Die Polizei von Niendorf und die Kripo in Hamburg suchen Sie seit einer Woche. Ihr Foto ist in allen norddeutschen Zeitungen. Ihr Mann macht sich große Sorgen. Wir haben Kris Wendt verhaftet. Wir waren sicher, dass er sie entführt hat. Und Sie sitzen hier ganz entspannt in einem Strandkorb?"

jn. unterbrechen	jn. nicht zu Ende sprechen lassen
jm. etw. in die Schuhe schieben	jm. die Schuld für etw. geben
in den Sinn kommen	auf die Idee kommen
eröffnen	aufmachen, z. B. ein Geschäft
verzweifelt sein	ohne Hoffnung sein
wegschicken	sagen, dass jd. gehen soll

Paul hält Lara immer noch am Arm fest. Er ist wütend. Und er will Antworten.

„Bitte lassen Sie mich los. Ich laufe nicht weg. Das verspreche ich Ihnen", bittet ihn Lara.

Paul lässt den Arm los und Lara setzt sich zurück in den Strandkorb.

„Ich kann Ihnen das alles erklären", sagt sie mit leiser Stimme.

„Das hoffe ich für Sie."

„Bernd und ich sind schon lange nicht mehr glücklich. Er arbeitet viel und ich bin alleine zu Hause. Ich bin froh, wenn ich auf Partys gehen kann. Dann treffe ich andere Menschen und kann Spaß haben."

„Wie mit Kris Wendt", **unterbricht** Jost Lara.

„Das war etwas anderes. Ich habe mich in Kris verliebt. Ich wollte Bernd verlassen und mit Kris ein neues Leben beginnen. Er war mein Traummann. Aber jetzt weiß ich die Wahrheit. Er wollte nur das Geld haben. Nicht mich."

„Und deshalb **haben** Sie ihm eine Entführung **in die Schuhe geschoben**?"

Lara erzählt Paul die ganze Geschichte.

Übung 18: Lesen Sie weiter und ergänzen Sie die Verben im Perfekt!

„Bernd hat Kris entlassen und Kris **1.** haben ___________ kein Geld mehr ______________. Und nach einer Scheidung hätte ich auch nichts mehr gehabt.

Dann **ist** uns die Idee mit der Entführung **in den Sinn gekommen**. 500.000 Euro sind viel Geld für ein neues Leben. Wir wollten nach Südamerika und dort gemeinsam ein kleines Hotel **eröffnen**. Wir **2.** planen ________________ alles genau ________________. Aber einen Tag vor Bernds Geburtstag hat er mich angerufen. Er hatte Angst und wollte alles beenden. Er **3.** trennen ________________ sich von mir ________________. Ich **war verzweifelt**. Auf der Geburtstagsfeier habe ich zu viel Alkohol getrunken. Bernd und ich haben uns wieder gestritten. Dann **4.** gehen ________________ ich zu Kris ________________. Ich wollte mit ihm reden. Aber er **hat** mich **weggeschickt**. Ich war so wütend, dass ich beim Hinausgehen heimlich ein Stück Stoff aus seiner Jacke gerissen habe. Ich hatte plötzlich die Idee, ihm allein die Entführung **anzuhängen**. Ich **5. fahren** ______________ nach Timmendorf ______________ und **6. übernachten** ______________ dort in einem Hotel ______________. Am nächsten Morgen habe ich neue Kleidung gekauft und bin zu Fuß nach Niendorf gelaufen. Dort **5. legen** ______________ ich die Kleidung an den Strand ______________. Den Rest wissen Sie ja." Lara sieht traurig auf den Boden.

„Und die Visitenkarte in die Tasche gesteckt. Damit die Spur zu Kris Wendt führt", beendet Paul Jost den Bericht von Lara.
„Eine Frage habe ich aber noch. Wie ist der Brief vor die Haustür gekommen und das Stück Jacke an den Baum?"
„Ich bin in der Nacht mit dem Taxi nach Hamburg gefahren. Ich habe das große Tor geöffnet und den Brief vor die Tür gelegt. Dann habe ich das Stück Jacke am Baum versteckt und bin zurück nach Timmendorf gefahren. Etwas Geld hatte ich dabei. Das Hotelzimmer wollte ich bezahlen, wenn ich die 500.000 Euro bekommen hätte. Und dann nach Südamerika fliegen und dort ein neues Leben beginnen. Alleine. Ohne Bernd und ohne Kris."
„Wir müssen jetzt nach Hamburg fahren und die Entführung **aufklären**", sagt Paul und steht auf.

jm. etw. anhängen	es so aussehen lassen, als wäre eine unschuldige Person der Täter
aufklären	lösen (z. B. einen Kriminalfall)

Lara und Paul fahren zusammen nach Hamburg. Auf der Fahrt spricht Lara kein Wort. Sie sieht nur aus dem Fenster.
Lara erklärt den Beamten der Kripo Hamburg, was passiert ist. Sie verhaften Lara wegen **vorgetäuschter** Entführung. Kris darf noch am selben Tag nach Hause. Er ist schockiert, dass Lara das getan hat. Aber er ist auch glücklich, dass er wieder frei ist.
Auch Bernd kann es nicht glauben. Aber er ist froh, dass alles vorbei ist und er die 500.000 Euro nicht bezahlt hat.

vortäuschen	so tun, als ob; ein falsches Spiel spielen
Anwalt *m*	Jurist, der Personen in Rechtsstreitigkeiten vor Gericht vertritt
Berater *m*	Person, die andere berät, ihnen hilft

„Ich werde noch heute meinen **Anwalt** anrufen. Ich will die Scheidung. Dieses Mal kann ich Lara nicht verzeihen", erklärt er Paul Jost am Telefon.

Zufrieden fährt Paul Jost nach Niendorf zurück. Der Fall ist gelöst. Er ruft Anni an, denn sie hat ihm mit den Zeitungsartikeln über Lara geholfen.
„Aber jetzt genießt du wieder deine Rente. Ich komme dich am Wochenende besuchen", sagt sie am Ende.

Am nächsten Tag klingelt sein Telefon. Es ist ein Beamter von der Polizei in Niendorf.
„Wir wollen uns für Ihre Arbeit bedanken. Sie haben den Fall ganz alleine gelöst. Das war eine tolle Arbeit. Möchten Sie in Zukunft für uns als **Berater** arbeiten, wenn wir Fragen haben?"

Man kann den Grund für eine Handlung mit *denn* oder mit *weil* angeben. Es ändert sich nur die Position des Verbes.
*Er ruft Anni an, denn sie **hat** ihm geholfen.*
*Er ruft Anni an, weil sie ihm geholfen **hat**.*

„Ja, sehr gerne. Aber eigentlich hat Max die ganze Arbeit gemacht. Er hat die Kleidung am Strand gefunden und er hat Lara in dem Café am Strand erkannt“, antwortet Paul und lacht.

streicheln	etw. vorsichtig mit der Hand berühren
ϟ **Nest** *n*	*hier*: kleine Ortschaft, in der nicht viel los ist

„Na, dann wollen wir Sie und Ihren Hund Max als Beraterteam für unsere Polizei in Niendorf engagieren.“
Er freut sich und ist auch sehr stolz.
„Max, jetzt bist du ein richtiger Polizeihund“, sagt er und **streichelt** seinem Freund über den Kopf.

Am Abend trifft er sich mit seiner Nachbarin in dem kleinen Fischrestaurant am Hafen.
„Da können wir froh sein, dass du nach Niendorf gezogen bist“, sagt sie nach dem Essen zu Paul. So wird unser **Nest** noch sicherer sein.
„Ich bin auch froh, dass ich hier wohne“, sagt Paul und lächelt seine Nachbarin an.

Klassentreffen

Katrin Fischer-Sandhop

1 Die Kommissarin

„Guten Morgen. Mein Name ist Marieke Frenzel. Ich möchte euch heute unser Projekt ‚Polizei für dich' vorstellen."

Marieke spürt die Unruhe im Klassenzimmer. Jetzt **tuscheln** die Schüler – zum großen Teil sind es Jungs – noch leise. Aber die Unruhe wird zunehmen. Das kann so enden: Plötzlich **miaut** einer. Ein anderer Schüler wirft seinen Stuhl um. Papierkugeln fliegen. Die halbe Klasse muss dringend auf Toilette. Und in der letzten Reihe prügeln sich zwei.

Die Schüler wollen sie provozieren. Sie wollen kämpfen. Sie sehen in ihr die Feindin. Aber diese Feindin muss stark sein. Sie muss **sich durchsetzen** können, sonst verlieren die jungen Männer den Respekt. Und dann ist alles verloren.

tuscheln	leise über etwas reden
miauen	*hier*: eine Katze nachahmen
sich durchsetzen	das eigene Ziel erreichen
Mobbing *n*	psychischer Terror einer Gruppe gegenüber einer einzelnen Person, z. B. am Arbeitsplatz
Erpressung *f*	Androhung schlimmer Konsequenzen, um ein Ziel zu erreichen

Marieke ist müde. Zweimal in der Woche hält sie Vorträge in Berufsschulen. Diesen Teil ihrer Arbeit hasst Marieke. Sie soll die Jugendlichen an einem Vormittag über mögliche Gefahren aufklären, soll sie vor kriminellen Handlungen warnen: **Mobbing**, **Erpressung**, Handel mit Drogen, körperliche Gewalt. Sie soll mit ihnen **auf Augenhöhe** sprechen. ‚Aber so blöd wie die sind', denkt Marieke, ‚kann ich das gar nicht tun.' Sie fühlt eine Welle von Selbstmitleid **heranschwappen**. Die Schüler sitzen an ihren Tischen und warten. Noch hat sich keiner abgewandt. Marieke atmet tief durch. Es ist ganz still. Die Schüler beobachten sie. Die nächsten Sekunden entscheiden über diesen Vormittag. Da schaltet Marieke um. Sie schaltet auf: Dr. Marieke Frenzel, Kriminalhauptkommissarin, 15 Jahre Berufserfahrung, 10 davon in Berlin. Sie spricht über Schuld, Verantwortung und Gerechtigkeit.

auf Augenhöhe	auf gleicher Ebene
heranschwappen	wie eine Welle ankommen
Regierungsbezirk *m*	Verwaltungsebene eines Bundeslandes

Übung 1: Bringen Sie die Buchstaben in die richtige Reihenfolge!

1. obibnmg ____________________
2. peensrsurg ____________________
3. nedrog ____________________
4. talweg ____________________
5. chenbrvere ____________________

Die Veranstaltung in der Berufsschule war ein großer Erfolg. Wieder und wieder hat sich die Klassenlehrerin bei Marieke bedankt. So konzentriert hat sie ihre Schüler selten erlebt. Und gleich zwei der Jungs haben sich für eine Ausbildung bei der Polizei interessiert. Marieke Frenzel ist im gesamten **Regierungsbezirk** für ihre überzeugenden Vorträge bekannt. Sie wird oft eingeladen. Die Schulen nutzen dieses Angebot der Polizei gern für ihre **Problemklassen**. Marieke hat sie noch nie enttäuscht. ‚Aber was es mich kostet, danach fragt keiner', denkt Marieke. Sie ist erschöpft. Sie steht vor der Treppe zu ihrer Wohnung und weiß nicht, wie sie die Stufen bis zur Wohnungstür schaffen soll. Sie ist vollkommen kraftlos. So fühlt sie sich schon seit mehreren Wochen. Warum? Auf diese Frage weiß selbst der Arzt keine Antwort. Letzte Woche ist sie zu ihrem Hausarzt gegangen.

„Körperlich kann ich nichts finden", hat der Arzt gesagt. „Aber vielleicht ist im Moment alles zu viel für Sie. Ihre Kinder sind gerade erst weggezogen …"

‚Woher weiß er das?', hat Marieke gedacht und sich sofort sehr gerade auf den Stuhl gesetzt.

Problemklasse *f*	schwierige Klasse
Psychotherapeut/in *m/f*	Person, die Menschen mit seelischen Problemen behandelt
Entscheidung *f*	Beschluss
bedauern	leidtun

Übung 2: Lesen Sie weiter und korrigieren Sie die vier Fehler!

„Vieleicht hilft es Ihnen ja, mit jemandem darüber zu sprechen. Ich kenne einen guten **Psychotherapeuten**. Ich kann ihn anrufen und einen Termin für Sie ausmachen. Ich schreibe Ihnen eine Überweisung", hat der Artzt gesagt. Marieke hat genickt. Aber auf dem Weg von der Praxis zu ihrem Auto hat sie die Überweisung in den nächsten Papirkorb geworfen. Psychotherapie hatte sie wirklich genug in ihrem Leben. Bis sie eine **Entscheidung** getroffen hat: Sie spricht nicht mehr über Vergagenes. Sie denkt nicht mehr über die Vergangenheit nach. Die Vergangenheit ist tot.

1. ____________________ 3. ____________________

2. ____________________ 4. ____________________

Diese Entscheidung hat sie kurz nach der Trennung von ihrem Mann getroffen. Sie hat damals ihre Kinder genommen und ist mit ihnen von Berlin in diese Kleinstadt gezogen. Ein völlig anderes Leben war das: kein Theater, keine Museen, keine Konzerte, keine Discos, keine Bars, keine U-Bahn, kein Flughafen, keine coolen Second-Hand-Läden und keine Freunde. Doch Marieke hat den Umzug nie **bedauert**. Berlin war Berlin, aber das hier war eben ihre neue Heimat. Den Kontakt zu ihren Freunden in Berlin hat sie nach und nach verloren. Das hat sie aber nicht besonders interessiert. Nur ihre Kinder wollten immer zurück. Zurück zu ihrem Vater, zurück in die große Stadt. In diesem Jahr hat Marieke ihre Kinder gehen lassen. Die Tochter ist 15, der Sohn 13. Sie melden sich selten. Zwischen den Anrufen versucht Marieke zu vergessen, dass sie Kinder hat. Sie will ihre Kinder nicht vermissen. Doch der Arzt, die Nachbarn, die Arbeitskollegen, befreundete Eltern, alle sprechen Marieke immer wieder darauf an. Sie denken, Reden hilft. Aber Reden hilft nicht, ihr nicht.

Marieke schließt den Briefkasten auf, nimmt die Post heraus und sortiert: eine Zahnarztrechnung, eine Menge Werbung und ein

Brief, der handschriftlich an sie adressiert ist. Marieke hat kein gutes Gefühl. Wer schreibt ihr? **Unschlüssig** dreht sie den Brief hin und her. Dann öffnet sie ihn noch im Treppenhaus und liest:

„Liebe Marieke, nach einem Jahr der Suche habe ich dich endlich gefunden! Auch wenn es sehr **kurzfristig** ist, habe ich die Hoffnung, dich am 29.04. zum **Klassentreffen** in Chemnitz wiederzusehen. Herzliche Grüße! Deine Astrid."

unschlüssig	nicht wissen, was zu tun ist
kurzfristig	*hier*: spontan
Klassentreffen *n*	Zusammenkunft von Schülern einer Klasse
zügig	schnell
spionieren	heimlich nachforschen

‚Bestimmt nicht', denkt Marieke. „Ganz bestimmt nicht!", murmelt sie und läuft **zügig** die Treppe zu ihrer Wohnung hoch. Plötzlich hat sie wieder Kraft. Kein Wunder: Marieke ist sauer. Warum **spionieren** die hinter ihr her? Warum lassen die sie nicht in Ruhe? Wie haben die ihren Namen herausgefunden und ihre Adresse? Ein Klassentreffen nach – Marieke rechnet – nach 30 Jahren? Was wollen die? Miteinander feiern? Die Lebensläufe vergleichen? Sich gegenseitig für die Erfolge bewundern? Oder trösten? Marieke schließt die Wohnungstür auf, geht hinein und wirft die Post auf den Schuhschrank. Ein Foto fällt auf den Boden. Marieke hebt es auf. Das Klassenfoto zum Abschluss der 10. Klasse. Jan hat es damals gemacht. Zwei Wochen vor der großen Sommerparty. Das Foto ist schwarz-weiß. Aber in Mariekes Kopf übersetzt sich

Bei einem *Klassentreffen* kommen ehemalige Schüler einer Schulklasse zusammen, um Erinnerungen auszutauschen und zu sehen, was aus den Mitschülern geworden ist. Oft werden auch ehemalige Lehrer eingeladen.

das Schwarz-Weiß sofort in Farbe. Sie sieht die grüne Wiese, den lila **Flieder** im Hintergrund, ihr hellblaues Kleid. Sie weiß noch, wie stark die Sonne sie blendete. Sie riecht ein bekanntes Parfüm. Und dann sieht sie Ulla hinter sich. Ihre beste Freundin Ulla. Schön wie **Schneewittchen**: groß, schlank, schulterlanges schwarzes Haar und ein **makelloses** Gesicht. Ulla lacht und legt den Arm um Marieke.

Flieder *m*	stark duftender, blühender Strauch
Schneewittchen *n*	*hier*: schönes Mädchen
makellos	ohne Fehler, perfekt

Übung 3: Welche Aussagen sind richtig? Kreuzen Sie an!

1. Marieke ist ohne ihre Kinder umgezogen. ❒
2. Die Kinder sind zunächst bei ihr geblieben. ❒
3. Astrid hat ihr einen Brief geschrieben. ❒
4. Ulla hat das Klassenfoto gemacht. ❒
5. Ulla war sehr schön. ❒

2 Die Erinnerung

Marieke ist glücklich, denn Ulla steht neben ihr. Mit so einer Freundin kann ihr nichts passieren. Da ist es egal, dass ihre Mutter schon wieder betrunken war. Es ist egal, dass zu Hause schon wieder Tassen geflogen sind. Es ist egal, dass Marieke vor **Anspannung** schon lange nicht mehr richtig schlafen kann. In den letzten Monaten hat sie sich manchmal gewünscht, in der Schule einfach umzukippen. Damit einmal jemand fragt, wie es ihr geht. Aber sie ist nicht umgekippt. Sie hat nichts gesagt. Sie ist stark geblieben. Sie ist eine **Komplizin** des Vaters. Gemeinsam mit dem Vater sucht sie nach den versteckten Schnapsflaschen der Mutter, **wimmelt** Anrufe und Besuche **ab** und sorgt dafür, dass die Mutter genügend isst.[i] Freundinnen lädt sie nie nach Hause ein. Nicht einmal Ulla. Vor Ulla **schwärmt** Marieke von ihrer Familie und von ihrer Mutter. Sie schützt damit die Mutter und auch sich selbst. Niemand darf merken, wie unsicher Marieke ist.

Anspannung *f*	Nervosität, Aufregung
Komplizin *f*	Mittäterin, *hier*: Verbündete
abwimmeln	absagen
schwärmen	*hier*: mit Begeisterung sprechen
mit Staunen	überrascht

Nach Angaben der Weltgesundheitsorganisation (WHO) wird in Deutschland relativ viel Alkohol getrunken. Durchschnittlich nimmt jeder Deutsche über 15 Jahren 11,8 Liter reinen Alkohol im Jahr zu sich, was rund 500 Flaschen Bier entspricht.

Übung 4: **Bringen Sie die Wörter in die richtige Reihenfolge!**

1. kann - auf - Marieke - ihre - verlassen - Freundin - sich.

____

2. sehr - Alkohol - die - trinkt - viel - Mutter.

____

3. nach - mit - nimmt - Freunde - Marieke - keine - Hause.

____

4. unter - Krankheit - Marieke - der - leidet - Mutter - der

____

„Marieke tritt betont selbstbewusst auf", steht in ihrem Abschlusszeugnis. Marieke hat es gestern bei der Zeugnisübergabe **mit Staunen** gelesen. Wie wenig wissen die Lehrer von ihr, wie wenig die Mitschüler. Marieke mag ihre Klasse. Ihre Mitschüler sind alle musikalisch. Sie spielen ein Instrument im Orchester oder singen im Chor. Sie besuchen eine Schule, in der Musik sehr wichtig ist. An drei Nachmittagen in der Woche proben sie gemeinsam für ihre Konzerte. In den Winterferien fahren sie in ein Probenlager. Sie schlafen in einfachen Hütten, heizen selbst die Öfen, essen gemeinsam und proben. Wenn das Orchester anfängt zu spielen und der Chor einsetzt, dann werden sie zu einer Einheit. Sie sind dann ein großes Wir, von dem eine besondere Kraft ausgeht. Sie sind zu einer Gemeinschaft geworden. Aber jetzt gehen sie auseinander. Die Prüfungen zur 10. Klasse sind geschafft. Einige werden gleich einen Beruf erlernen. Andere, so wie Marieke, werden in den nächsten zwei Jahren Abitur machen und dann studieren. Marieke kann es kaum erwarten. Sie will weg von zu Hause. Nach Leipzig, Jena oder Berlin. Ihre Welt ist zwar klein, aber für Marieke ist sie groß genug. Mariekes Mutter spricht immer davon, dass sie in diesem Land eingesperrt ist. Sie trinkt, weil man ihr **Forschungsprojekt** gestoppt hat. Sie darf nicht mehr ins westliche Ausland fahren. Nicht nach Hamburg, nicht nach Paris, nicht nach Kopenhagen. Früher hat sie Marieke von dort Postkarten geschrieben. Sie hat duftende Schokolade, Jeanshosen und glitzernde Haarspangen mitgebracht. Jetzt darf sie nicht mehr reisen. Jetzt trinkt sie. Das weiß getünchte Haus ihrer Eltern ist für Marieke ein schlimmeres Gefängnis als die Grenzen ihres Landes. Manchmal hat sie daran gedacht, mit Ulla zu sprechen. Manchmal hat sie das Gefühl gehabt, Ulla zu täuschen. Was ist eine Freundschaft wert, wenn man nicht über Probleme sprechen kann? Aber was nützt es, wenn sie Ulla alles erzählt? Vielleicht hat Ulla dann **Mitleid**? Marieke will aber kein Mitleid. Und sie will nicht **angreifbar** sein. Für niemanden. „Man sollte gegenüber jedem ein gesundes **Misstrauen** haben“, sagt der Vater immer. „In diesem Land weißt du nie, mit wem du sprichst.“ Marieke hat sich immer daran gehalten. Sie ist sehr vorsichtig und macht die Dinge meistens mit sich aus. Auch die Sache mit Jan. Jan geht in ihre Klasse. Er spielt Geige und legt bei Partys die Musik auf. Jan ist manchmal sehr nett zu Marieke und dann wieder total abweisend. Im letzten Probenlager haben sie die halbe

Forschungsprojekt *n*	wissenschaftliche Tätigkeit mit einem bestimmten Ziel
Mitleid *n*	Mitgefühl
angreifbar	verletzbar wegen einer bestimmten Schwäche
Misstrauen *n*	fehlendes Vertrauen, Skepsis
knutschen	lange küssen
unbeschwert	ohne Sorgen

Nacht am zugefrorenen See gestanden und sich unterhalten. Marieke hat so viel geredet wie sonst nie. Ihr war trotz der Kälte warm. Jan hat den Arm um sie gelegt und vom Polarkreis erzählt. Sein Großvater ist als junger Mann in Finnland gewesen und hat das Nordlicht gesehen. Sie haben lange in den Himmel geschaut, aber natürlich kein Nordlicht gesehen. Dann ist Jan einfach weggegangen und **hat** mit Ulla **geknutscht**. Auch jetzt tanzen Jan und Ulla zusammen. Er flüstert ihr etwas ins Ohr, sie kichert. Marieke schaut ihnen zu. Sie würde gern so **unbeschwert** sein wie Ulla. Sie würde auch gern mit Jan tanzen.

Übung 5: Kreuzen Sie die richtige Antwort an!

1. Welches Problem hat Mariekes Mutter?
   a) ❐ Sie ist depressiv.
   b) ❐ Sie hat ein Alkoholproblem.
   c) ❐ Sie hat Eheprobleme.

2. Wie wirkt Marieke auf ihre Lehrer?
   a) ❐ Sie ist schüchtern.
   b) ❐ Sie ist aggressiv.
   c) ❐ Sie ist sehr selbstbewusst.

3. Wie steht Marieke zu ihren Klassenkameraden?
   a) ❐ Sie kann die meisten von ihnen nicht leiden.
   b) ❐ Sie mag ihre Mitschüler.
   c) ❐ Marieke sind ihre Mitschüler egal.

Marieke denkt lieber an ihre Reise morgen. Sie fährt an die Ostsee, nach Lohme. Ihre Großtante hat dort ein altes Haus. Sie vermietet an Feriengäste. Wenn Marieke im Sommer beim Abwaschen und Zimmer machen hilft, kann sie bleiben, solange sie will. Von ihrem kleinen Zimmer aus kann sie Kap Arkona sehen. An manchen Abenden geht die Sonne dort **glutrot** unter. Dann sieht man nur noch Wasser. Und weit entfernt kann man Schiffe erkennen, die nach Schweden fahren. Manchmal findet Marieke schwedische Milchverpackungen am Strand. Oder einzelne Badeschuhe. Sie zieht dann einen Schuh an, stellt die Milchverpackung neben sich und stellt sich vor, Schwedin zu sein. Sie trägt glitzernde Spangen im Haar und **knallenge** Jeans. Marieke freut sich auf die Tante. Und sie genießt diesen letzten Abend mit ihren Mitschülern. Es ist schon die dritte Abschiedsparty. Diesmal hat Astrid eingeladen. Astrid ist das **verrückte Huhn** der Klasse. Sie ist lustig. Sie ist laut. Sie will Sängerin werden. Sie kann wunderbar singen. Jetzt gerade singt sie ‚Am Tag, als Conny Kramer starb'. Marieke steht auf dem Balkon und schaut die vier Stockwerke hinunter. Sie trinkt Vermouth. Er schmeckt wie Limonade. Sie singt laut mit. Sie würde gern so selbstbewusst wie Astrid sein. Sie dreht sich um und geht wieder ins Wohnzimmer. Irgendjemand **schenkt** ihr immer wieder **nach**. Sie singen ‚Es steht ein Haus in New Orleans, ein Haus weitab vom Glück …'. Was für ein schöner Abend. Was für eine nette Klasse. Tränen steigen Marieke in die Augen. Sie lächelt Jan zu, der neben Ulla steht. Marieke wird übel. Sie geht ins Badezim-

glutrot	rot wie Feuer
ϟ **knalleng**	am Körper anliegend, sehr eng
verrücktes Huhn	*hier*: lustige Frau mit ungewöhnlichen Einfällen
nachschenken	ein leeres oder beinahe leeres Glas wieder auffüllen

mer. Sie **bemüht sich**, gerade zu gehen. Sie **stolpert** über einen Stuhl. Im Badezimmer wäscht sie ihr Gesicht mit kaltem Wasser. Immer mehr **verliert** sie **die Kontrolle**. Überall sind Ecken, an die sie stößt. Am liebsten würde sie **sich verkriechen** und warten, bis es aufhört. Aber jemand klopft an die Badezimmertür. Sie öffnet die Tür. Vor der Tür steht Jan. Er nimmt sie in den Arm. Marieke liegt in Jans Armen. Sie weiß, dass sie das nicht tun sollte. Doch Jans Arme sind der einzige Halt in dieser sich drehenden Welt. Sie versteht nicht, was Ulla sagt. Sie hört nur Jans Stimme: „Lass sie!"

sich bemühen	sich anstrengen
stolpern	beim Gehen an einem Hindernis hängenbleiben
die Kontrolle verlieren	*hier*: nicht mehr gerade gehen können
sich verkriechen	sich verstecken
heile Familie	eine Familie, in der es keine Probleme gibt
ϟ Säufer/ Säuferin *m/f*	Person, die regelmäßig sehr viel Alkohol trinkt

Übung 6: Lesen Sie weiter und fügen Sie den Infinitiv der unterstrichenen Verben ein!

Ulla wird lauter: „Du weißt, dass sie uns die ganze Zeit was vorgemacht hat? **1.** ______ Alles Lüge. Die **heile Familie**. Die ach so klugen Eltern. Wenn sie voll ist, redet ihre Mutter nicht anders als die Penner vom Busbahnhof. **2.** ______ Ihre Mutter ist eine **Säuferin**. Und offensichtlich hat sie ihr das ja vererbt!" **3.** ______ Mariekes Welt dreht sich nicht mehr. Sie steht von einem Moment auf den anderen still. **4.** ______

Sie sieht Ulla. Sie sieht Jan. Sie sieht die anderen aus ihrer Klasse tuscheln. Sie sieht Astrid, die nicht mehr singt. Sie möchte **versinken**. Vor Scham. Vor Wut. Sie rennt aus der Wohnungstür. Vor dem Haus setzt sie sich auf die Treppenstufen. Sie hat ihre Tasche mit dem Fahrradschlüssel oben vergessen. Ihr Fahrrad ist abgeschlossen. Sie hat kein Geld für die Straßenbahn, kein Geld für die Telefonzelle. Sie legt den Kopf auf die Knie. Sie kann nicht wieder hoch. Sie **gehört** nicht mehr **dazu**. Wahrscheinlich hat sie nie dazugehört. Von oben ist Musik zu hören. Woher weiß Ulla das eigentlich alles? Marieke könnte Ulla töten. Sie weint. Da schlägt neben ihr etwas **dumpf** auf. Ulla liegt neben der Treppe.

versinken	*hier*: untergehen, nicht mehr da sein
dazugehören	Mitglied einer Gruppe sein
dumpf	*hier*: gedämpft klingend (für ein Geräusch)
zerrissen	*hier*: kaputt

„Ulla?" Marieke steht langsam auf und geht zu ihr. Sie nimmt Ullas Hand. „Ulla?" Aber Ulla rührt sich nicht. In ihrer Hand hält sie ein **zerrissenes** Lederbändchen. Marieke nimmt es und steckt es schnell in die Hosentasche. Ulla atmet nicht. „Hilfe!", schreit Marieke.

3 Der Fall

Diesen Schrei hat Marieke noch heute in den Ohren. Er endet nicht. Marieke geht in die Badewanne. Sie liegt auf dem Rücken und rutscht mit dem Kopf ins heiße Wasser. Sie will den Schrei von damals nicht mehr hören. Und nicht die **Sirenen** der Rettungswagen. Aber in ihrem Badezimmer sieht sie plötzlich das Blaulicht. Die Polizisten stellen immer wieder dieselbe Frage „Wie stürzt ein 16-jähriges Mädchen aus dem 4. Stock?“ Auch der kurze Streit kommt zur Sprache. Marieke ist sich nicht mehr sicher. War sie oben in der Wohnung oder unten vor dem Haus? Hat sie Ulla gestoßen? Sie schaut zu den anderen. Jan ist **kreidebleich**. Astrid zittert. Die Polizisten sind unnötig streng. Marieke **verschweigt** das Lederband. Sie weiß nicht, warum. Vielleicht will sie Jan schützen. Hat Jan Ulla **geschubst**? Wünscht sie sich das? Ulla sieht schön aus wie immer. Sie schläft im Blumenbeet. Aber nein! Ihre Freundin Ulla ist tot.

Sirene *f*	akustisches Warnsignal
kreidebleich	sehr blass
verschweigen	nicht über etwas reden
schubsen	stoßen

kreidebleich ist ein bildhaftes Adjektiv. Man kann es auch umschreiben: bleich wie Kreide.
Dieses Adjektiv wird verwendet, wenn man sagen möchte, dass jemand sehr bleich ist.
Weitere bildhafte Adjektive sind: *bärenstark* oder *federleicht*.

Übung 7: Unterstreichen Sie das ‚Schwarze Schaf'!

1. Sirene Hupton Verkehrszeichen Blaulicht
2. stoßen schubsen stolpern schieben
3. Hütte Wohnung Haus Garage
4. Halskette Ring Lederband Armreif

Marieke taucht mit dem Kopf aus dem Wasser auf. Es gab damals keine **Notfallseelsorge**. Niemand war für Jan, Astrid und die anderen Schüler da. Niemand für Marieke. Damals, vor 30 Jahren, gab es für Marieke keinen Sommer an der Ostsee, keine Oberschule, kein Abitur. Sie landete für sechs Monate in einer psychiatrischen Klinik. Sie sprach nicht. Sie schluckte Tabletten.

Notfallseelsorge *f*	psychische Betreuung bei Katastrophen
kramen	*hier*: umständlich hervorholen
Beweis *m*	klare Begründung

Marieke **kramt** das zerrissene Lederbändchen aus ihrer Schreibtischschublade. Sie hat es die ganzen Jahre aufgehoben.

Übung 8: Lesen Sie weiter und setzen Sie die richtigen Präpositionen ein!

auf an zu für nach durch

1. ______ sie ist es der **Beweis**, dass Ullas Tod kein Unfall war. Die polizeilichen Ermittlungen damals sind

2. ______ einem anderen Ergebnis gekommen: kein **Fremdverschulden**. Ulla hat sich **angeblich** 3. ______ das Fensterbrett in der Küche gesetzt und sich wahrscheinlich zu weit 4. ______ hinten gelehnt. Niemand hat etwas gesehen. Marieke lässt das Lederbändchen 5. ______ die Hand gleiten. Es ist ein Armband. Es hat einen Knoten und ist 6. ______ seiner dünnsten Stelle gerissen.

Alle in ihrer Klasse haben damals diese selbst gemachten Armbänder getragen. Jan hat so ein Armband getragen, Astrid, Bettina, Christoph, Katja …

Vor 30 Jahren hat es noch keine **DNA-Analyse** gegeben. Doch heute sind an diesem Armband vermutlich nur noch Spuren von Marieke zu finden. Es gab eine Zeit, da hat sie es ständig in der Hand gehabt. Es ist fraglich, ob das Armband überhaupt noch ein Beweismittel ist. Marieke liest die Einladung zum Klassentreffen noch einmal. Sie überlegt. Sie ändert ihre Meinung. Sie wird zum Klassentreffen nach Chemnitz fahren! Sie ist sich jetzt ganz sicher. Ullas Tod hat ihr ganzes Leben bestimmt. Sie will nun endlich wissen, was damals wirklich passiert ist.

Fremdverschulden *n*	Verantwortung einer anderen Person
angeblich	wie gedacht wird, wie angenommen wird (nicht bewiesen)
DNA-Analyse *f*	Identifizierung der genetischen Persönlichkeit

Übung 9: Beantworten Sie die Fragen zum Text!

1. Wer hat damals Lederbändchen am Arm getragen?

____

2. Warum ist das Armband, das Ulla nach dem Sturz in der Hand hatte, vielleicht kein Beweismittel mehr?

____

3. Warum liest Marieke die Einladung noch einmal?

____

4. Warum fährt Marieke zum Klassentreffen?

____

4 Die Ermittlung

Marieke ist **rechtzeitig** zu Hause losgefahren, aber dann war da dieser Unfall kurz vor Chemnitz. Jetzt ist sie fast zu spät. Am **Straßenbahndepot** muss sie auf den alten Straßenbahnwagen aufspringen. Astrid hat ihr am Telefon von der geplanten **Nostalgiefahrt** mit der Straßenbahn erzählt. Mit dieser Bahn sind sie früher jeden Tag zur Schule gefahren. Dunkle Holzsitze, vibrierende Scheiben, ein **Quietschen** in jeder Kurve. Mariekes Herz klopft. Sie atmet tief durch und öffnet die Schiebetür. Da sitzen Astrid, Bettina, Christoph … da sitzen fast alle aus ihrer alten Klasse. Sie sehen ein bisschen anders aus. Erste graue Haare, Brillen, Bäuche, **Fältchen**. Wie schlecht verkleidet. Denn es ist, als hätten sie sich erst gestern hier in dieser Bahn gesehen. Als junge Menschen. Die Begrüßung ist herzlich. Alle freuen sich, dass Marieke gekommen ist. Dann beginnt der Tausch der Sitzplätze. Diese langsame Straßenbahnfahrt ist eine rasante Reise durch die letzten 30 Jahre. Marieke kann sich noch gut an die Lebenspläne ihrer Mitschüler

rechtzeitig	zum richtigen Zeitpunkt
Straßenbahndepot *n*	Stellplatz für Straßenbahnen
Nostalgiefahrt *f*	*hier*: Fahrt mit einer alten Straßenbahn zur Erinnerung an frühere Zeiten
Quietschen *n*	*hier*: unangenehmes Geräusch nicht geölter Teile
Fältchen *pl*	kleine Unebenheiten der Haut

erinnern. Jetzt erfährt sie, was daraus geworden ist, und muss selbst erzählen.

Protesthaltung *f*	Ablehnung
Übersetzer/in *m/f*	Person, die einen Text von einer Sprache in eine andere überträgt
Reiseführer/in *m/f*	Leiter/in einer Reisegruppe
füllig	etwas dick
googeln	etw. mit einer Suchmaschine im Internet suchen
Synchronsprecher/in *m/f*	Schauspieler/in für zeitgleiches Sprechen in einer anderen Sprache

Marieke sitzt zuerst neben Bettina. Bettina hat noch immer lange dunkelblonde Haare. Marieke hat sie immer darum beneidet. Aber befreundet waren sie nicht. Denn Bettina mochte Russisch. Sie hat dann sogar in St. Petersburg studiert. Marieke mochte Russisch nicht. Das hatte nichts mit der Sprache oder dem Land zu tun. Es war mehr eine innere **Protesthaltung** gegen das politische System. Bettina hat in den 90er-Jahren in Odessa gelebt und arbeitet jetzt als **Übersetzerin** und **Reiseführerin**. Marieke würde sich gern noch weiter mit ihr unterhalten, aber da sitzt schon Carmen neben ihr.

Carmen, die beste Sportlerin der Klasse,[i] ist etwas **füllig** geworden. Die Büroarbeit! Sie arbeitet beim Arbeitsamt und hat noch genau 19 Jahre bis zur Rente. Sie will sich nicht mehr kaputt machen. Sie hat schon eine kleine Enkelin. Dieses Kind macht sie total glücklich.

> Bei dem Satzteil *die beste Sportlerin der Klasse* handelt es sich um einen Einschub, der die Person Carmen näher beschreibt. Solche Einschübe werden immer in Kommata eingeschlossen.

Astrid muss gar nicht so viel erzählen. Marieke **hat** es schon vorher **gegoogelt**. Astrid ist keine Sängerin, sie ist Schauspielerin, arbeitet aber fast nur als **Synchronsprecherin**. Im Internet steht eine lange Liste ihrer **Synchronrollen**, meist in Fernsehserien. Marieke hat von diesen Serien noch nie gehört: Zombie Loon. Pumpkin Scissors. Monster High. Vielleicht schaut ihre Tochter diese Serien. Marieke fällt ein, dass sie ihre Kinder wieder nicht angerufen hat. Sie ärgert sich.

„Ich habe manchmal Panikattacken. Ich kann nicht mehr auf der Bühne stehen. Aber im Synchronstudio fühle ich mich total sicher“, sagt Astrid. Auch sie scheint sich informiert zu haben, denn sie fragt: „Und worüber hast du deine **Doktorarbeit** geschrieben?“

„Über tödliche **Höhenstürze** und die **Verletzungsmuster** in Abhängigkeit von der Sturzhöhe“, sagt Marieke. Es klingt kühl, wie sie es sagt. Sie ist schon wieder so unglaublich müde. Astrid fragt daraufhin nichts mehr.

Synchronrolle *f*	ein Engagement beim Film dafür, dass man einer Figur seine Stimme leiht.
Doktorarbeit *f*	wissenschaftliche Arbeit
Höhensturz *m*	Fall aus großer Höhe
Verletzungsmuster *n*	übliche Art der Verletzung
herausfinden	Erkenntnis gewinnen

Aber Carmen, die mit einem Ohr ihrem Gespräch zugehört hat, meint: „Was **hast** du **herausgefunden**?“ Sie war schon immer praktisch veranlagt.

„Die Todesfälle durch Stürze nehmen zu. Genau wie die durch Krebs“, sagt Marieke knapp und schweigt.

Sie hat keine Lust mehr auf das Klassentreffen. Sie schaut aus dem Fenster. Sie fahren am Krankenhaus vorbei. Dicht daneben ist das Institut für Pathologie und Rechtsmedizin. Im Keller dieses Instituts hat Marieke zwei Jahre lang gelernt. Nach Ullas Tod wollte sie mit niemandem mehr reden.

Übung 10: Lesen Sie weiter und setzen Sie die richtige Verbform ein!

Sie hat ihr Zimmer nicht mehr **verlassen**. Das Fensterglas in ihrem Zimmer hat sie mit schwarzer Farbe **1.** anstreichen ________________. Marieke wollte absolute Dunkelheit. Die Eltern haben sie in die Psychiatrie **2.** schicken ________________. Nach den sechs Monaten dort **3.** sein ________________ ihr **Selbstbewusstsein** so gering, dass sie nicht mehr auf die Oberschule gehen **4.** können ________________.

Aber alle Lehrstellen waren längst besetzt. Nur die Fotografin im pathologischen Institut suchte eine Assistentin. So ist Marieke zu Frau Genau gekommen. Von ihr lernte sie fotografieren, Filme entwickeln, **Abzüge** machen. Die Arbeit in der **Dunkelkammer** gefiel ihr. Sie war dort allein mit den Fotos der toten Menschen. Und irgendwann begriff sie, was der Psychologe in der Klinik ihr sechs Monate lang gesagt hatte. Er hatte gesagt, dass zwischen dem **Schuldgefühl** und der Schuld kein objektiver Zusammenhang besteht. Die

etw. verlassen	von einem Ort weggehen
Selbstbewusstsein *n*	eigenes Wertgefühl
Abzug *m*	*hier*: Kopie
Dunkelkammer *f*	lichtloser Raum zur Entwicklung von Filmen
Schuldgefühl *n*	persönliche Überzeugung, schuldig zu sein

Struktur *f*	Muster
Wende *f*	Begriff für den Zusammenbruch der DDR und der Wiedervereinigung beider Teile Deutschlands

Stärke des Schuldgefühls sagt nichts über die Schwere der Schuld aus. Marieke fühlte sich schuldig, aber sie war es nicht. Sie hatte vor dem Haus gesessen, als Ulla gestürzt ist. Der Wunsch allein lässt niemanden aus dem vierten Stock stürzen. Plötzlich verstand Marieke: Genauso verhält es sich mit Verantwortung und Verantwortungsgefühl. Marieke war nicht für das Leben ihrer Eltern verantwortlich.

Frau Genau machte jeden Vormittag um 9.30 Uhr eine Kanne schwarzen Tee und packte Brote für sich und für Marieke aus. Eine halbe Stunde unterhielten sie sich über Filme, Musik und Bücher. Danach besprachen sie die weiteren Aufgaben.

Übung 11: Ordnen Sie die passenden Aussagen zu!

1. ☐ Die Fotografin	**a)** war mit den Fotos der toten Menschen allein.
2. ☐ Marieke	**b)** unterhielt sich mit Marieke in der Pause.
3. ☐ Der Psychologe	**c)** suchte eine Assistentin.
4. ☐ Frau Genau	**d)** erklärte den Zusammenhang zwischen Schuldgefühl und der tatsächlichen Schuld.

Frau Genau gab Mariekes Tag eine feste **Struktur** und hat sie damit gerettet. Und als zwei Jahre später die **Wende** kam und alle

losliefen, um ihr Glück zu suchen, hat Frau Genau **darauf bestanden**, dass Marieke ihre Ausbildung zur Fotografin beendete.
In dem Institut lernte sie kurze Zeit später auch ihren Mann kennen. Er war Arzt im Praktikum. Er hat sie zunächst nicht beachtet. Eines Nachts jedoch stürzte Marieke mit dem Fahrrad. Sie wachte erst in der **Notaufnahme** wieder auf. Er nähte ihre Wunde am Kopf. „Sie arbeiten doch in der Pathologie?“, fragte sie interessiert.

darauf bestehen	unbedingt wollen
Notaufnahme *f*	Station für Notfälle im Krankenhaus
Verhör *n*	Fragen der Polizei an einen Verdächtigen
scannen	speichern, einprägen
potenzielle Straftäter *pl*	Personen, bei denen es wahrscheinlich ist, dass sie gegen das Gesetz verstoßen

„Ja, aber in diesem Moment nicht“, antwortete er. Er hatte Humor. Er konnte nicht wissen, dass sie nicht so viel davon hatte, sondern nur ein Ziel: den Tod ihrer Freundin aufzuklären.

„Hallo“, sagt Jan und setzt sich neben Marieke.
„Hallo“, sagt Marieke und schaut aus dem Fenster. Mit ihrem Finger zeichnet sie ein Muster an die Scheibe.
„Ich war es nicht“, sagt Jan. Marieke hört auf zu zeichnen und schaut Jan an. Seine Haare sind zu einem Zopf zusammengebunden. Er hat einen Bart. Er trägt eine Brille. Seine Augen sind ihr vertraut und in diesen Augen sieht sie Unsicherheit.
„Ich bin heute nicht als Kriminalkommissarin da“, sagt Marieke und diese Aussage überrascht sie selbst. Bis gerade eben hat sie die Fragen gestellt. Alle Gespräche waren getarnte **Verhöre**. Sie **hat** ihre Mitschüler im Kopf **gescannt**. Wer gehört zu den sieben Grundtypen von **potenziellen Straftätern**? Wer ist zumindest

gefährdet? Wer hatte einen Grund, Ulla aus dem Fenster zu stoßen?

„Du lebst gar nicht mehr. Du hast immer nur deine tote Freundin im Kopf“, hat ihr Mann kurz vor der Trennung gesagt. Er hat Recht gehabt. Es ist eine blöde Idee: Nach so vielen Jahren trifft sie Jan endlich wieder und dann **ermittelt** sie, auch gegen ihn. Einmal nur möchte sie alles vergessen können.

ermitteln	nachforschen
Wildnishof *m*	Touristenunterkunft in der Natur
Petroleumlampe *f*	Lampe mit brennendem Öl
Skitour *f*	Wanderung mit Skiern
Rentier *n*	rehähnliches Tier in kalten Gebieten
knacken	Geräusch wie beim Brechen von Holz

Jan lebt in Schweden. Er hat einen **Wildnishof** am Polarkreis ohne Strom und ohne fließendes Wasser gekauft. Dort in Lappland gibt es im Winter unendlich viel Schnee und im Sommer unendlich viele Mücken. Die Touristen aus Deutschland lieben es: im Winter bei minus 20 Grad Wasser aus dem Brunnen zu holen und am Nachmittag im Licht einer **Petroleumlampe** am Holzofen zusammenzusitzen. Kein Fernsehen, kein Computer. In den wenigen Stunden mit Tageslicht machen sie **Skitouren**. Das ist nicht ungefährlich bei diesen Temperaturen. Jan hat die Verantwortung. Jan ist verheiratet, hat drei Kinder und neun **Rentiere**.

> Statt eines billigen Zimmers in einem lauten Urlaubsort am Meer suchen immer mehr Deutsche nach Urlaubsangeboten, bei denen Natur und Umwelt geschont werden.

„Die Fußgelenke der Rentiere **knacken** bei jedem Schritt. Sie können nicht so gut sehen. Aber sie hören gut. Im Schneesturm hilft ihnen das Knacken dabei, die anderen Tiere nicht zu verlieren.“ Marieke weiß nicht, warum Jan ihr das erzählt. Er hört gar nicht wieder auf zu reden. Und Marieke wünscht sich genau das. Seine Stimme beruhigt sie.

„Du hast mir einmal vom Polarlicht erzählt", sagt sie.

„Daran erinnerst du dich noch?", fragt er überrascht.

„Wie nicht?" (i), sagt sie. „Ich bin immer in dich verliebt gewesen."

„Das hast du aber gut versteckt. Du hast dich eigentlich immer versteckt."

„Ich war 16", sagt sie.

> Mit dem Ausspruch „*Wie nicht*?" ist gemeint: „*Wie sollte ich mich nicht daran erinnern.*" Man nennt solch einen unvollständigen Satz *Ellipse*.

Nach der Straßenbahnfahrt gehen sie gemeinsam in ein Gasthaus zum Essen. Auch einer ihr früheren Lehrer ist dabei. Herr Knoche, Lehrer für Mathematik und Physik, jetzt **pensioniert**. Er ist 75 Jahre alt. Er sitzt freundlich vor seinem Bier und scheint auf etwas zu warten.

Übung 12: Lesen Sie weiter und ergänzen Sie die richtigen Endungen!

Marieke ist an **1.** ein______ Tisch mit Katja. Schnell wird klar, dass Katja das Gleiche mit **2.** ihr______ Kindern passiert ist wie Marieke. Marieke erzählt von **3.** ihr______ Tochter und von **4.** ihr______ Sohn und Tränen steigen ihr in **5.** d______ Augen.

Marieke will sich schon dafür entschuldigen, aber Katja nimmt nur ihre Hand. Sie sagt nicht: „Es wird besser". Vielleicht hat der

pensioniert	als Beamter nicht mehr im Dienst sein
Grundvertrauen *n*	prinzipielles Vertrauen

Hausarzt doch recht und Reden hilft. Aber nur, wenn man nicht zu viel erklären muss. Mit ihren ehemaligen Mitschülern ist das einfach. Es gibt ein **Grundvertrauen** zwischen ihnen, das lange gewachsen ist. Für dieses Gefühl von Heimat ist Marieke bereit zu vergessen, warum sie hergekommen ist.

5 Die Aufklärung

Christoph, der beim Radio arbeitet, **moderiert** den Nachmittag launig. Erst zeigt er alte Fotos: Sie erinnern sich gemeinsam an die Welt der Probenlager und Konzertreisen: diese lange Zugfahrt nach Bulgarien, diese Chorkleidung, diese Aufregung vor jedem Auftritt, die warme Sommersonne, der plötzliche Ausfall der Mikrofone … Es war eine lustige Zeit. Es war ihre Jugend. Auf vielen Fotos ist auch Ulla zu sehen. Keiner spricht über sie. Dann kommen die Musikwünsche. Und irgendwann möchten alle von Astrid das Lied ‚Am Tag, als Conny Kramer starb' hören. Astrid lässt sich überreden und singt. Ein **Jammer**, dass sie mit dieser Stimme nicht Sängerin geworden ist, denkt Marieke und **summt** leise mit. Da sieht sie sich wieder auf dem Balkon im vierten Stock, ist auf der Abschiedsparty, spürt das Drehen im Kopf und den dumpfen Aufprall neben der Treppe.

Astrid steht auf der kleinen Bühne der Gastwirtschaft. Mit einem Mal bricht ihre Stimme weg. Sie kann nicht mehr singen. Das Entsetzen ist ihr ins Gesicht geschrieben. ‚Ihre Panikattacken', denkt Marieke. Da holt Jan Astrid schon von der Bühne. Alle schweigen **betreten**.

moderieren	durch ein Programm führen
Jammer *m*	*hier*: Bedauern, Ausdruck darüber, dass etw. sehr schade ist
summen	mit geschlossenem Mund „singen"
betreten	*hier*: unangenehm berührt

Nur Herr Knoche steht auf und sagt: „Ich wollte mich bedanken, dass ihr mich heute zu eurem Treffen eingeladen habt. Es ist schön zu sehen, was aus euch geworden ist. Als ihr die Schule beendet habt, war ich ungefähr in eurem Alter. Jetzt habe nicht mehr so viel Zeit. Ich muss mich endlich bei euch entschuldigen." Herr Knoche spricht langsam. „Ich muss mich bei euch entschuldigen, weil ich euch nicht **geschützt habe**. Ich habe euch nicht vor **Manipulation** und **Missbrauch** geschützt. Und auch nicht vor Lüge und **Verrat**. Heute weiß ich allerdings auch mehr als damals. Ich habe erfahren, dass schon in der 7. Klasse alle Schüler heimlich geprüft worden sind, ob sie sich als zukünftige Mitarbeiter der **Stasi** eignen. Es sind auch Kinder dazu benutzt worden, andere Kinder zu kontrollieren. Man wollte etwas über ihre Familien herausfinden. Aber schon damals habe ich gesehen, dass in den Räumen der Schule geheime Treffen stattfanden. Ich habe gesehen, dass Ulla sich einmal im Monat mit einem Verbindungsoffizier der Staatssicherheit getroffen hat. Ich habe nichts gesagt. Ich **habe** nichts **unternommen**. Ich **bin** meiner Verantwortung nicht **gerecht geworden**."

schützen	vor Unglück bewahren
Manipulation *f*	Beeinflussung, Lenkung
Missbrauch *m*	unrechtes Handeln
Verrat *m*	Bruch des Vertrauens
Stasi *f*	Abk. für *Ministerium für Staatssicherheit* (innenpolitisches Überwachungsinstrument der DDR)
etw. unternehmen	in einer bestimmten Situation aktiv werden
einer Sache gerecht werden	eine Sache angemessen behandeln

Die Geheimpolizei der DDR, die Stasi, hat auch Kinder als Spitzel angeworben. Mehrere Tausend Kinder horchten Freunde, Mitschüler oder die Familie aus und schrieben darüber Berichte. So konnte die Stasi diese Kinder zu späteren Mitarbeitern heranziehen.

Übung 13: Setzen Sie die Sätze ins Passiv!

1. Jan holt Astrid von der Bühne.

____

2. Die Freunde haben mich zum Treffen eingeladen.

____

3. Herr Knoche hat damals die Kinder nicht geschützt.

____

4. Herr Knoche sah Ulla mit einem Offizier der Stasi.

____

Marieke ist sprachlos. Die eigenen Probleme waren ihr immer so groß erschienen, doch Ulla hatte offensichtlich ein viel größeres Problem. Der **unscheinbare** Herr Knoche! Sie hat nie gedacht, dass sie von ihm mehr lernen kann als ein paar mathematische Formeln. Sie steht auf und umarmt ihn.

Übung 14: Lesen Sie weiter und ergänzen Sie die Adjektive in der richtigen Form!

„Vielleicht war es dann gar kein **1.** zufällig ____________ Unfall. Vielleicht ist sie selbst aus dem **2.** offen ____________ Fenster gesprungen. Aus **3.** groß ____________ **Verzweiflung**?" Astrid sieht schon wieder besser aus. Sie hat ihre **4.** stark ____________ Notfall-Tabletten genommen.

„Das könnte stimmen“, sagt Carmen. „Sie **bespitzelte** ihre beste Freundin und stellte sie dann bloß. Keiner von uns hätte das witzig gefunden. Und dann trennt sich auch noch ihr Freund von ihr.“

„Nein, ich habe mich nicht von ihr getrennt“, entgegnet Jan.

„Es war kein **Selbstmord**“, sagt Marieke jetzt. Sie ist nun wieder ganz Kriminalkommissarin. „Und ein Unfall war es auch nicht. Es war Mord. Zumindest **Totschlag**.“ Sie legt das Lederarmbändchen auf den Tisch. Sie hat es auf der Polizeiwache noch in einen Folienbeutel der **Spurensicherung eingeschweißt**. Es sieht aus wie ein echtes Beweisstück. Carmen nimmt den Beutel in die Hand.

unscheinbar	unauffällig
Verzweiflung *f*	Ratlosigkeit
bespitzeln	ausspionieren
Selbstmord *m*	Suizid, Selbsttötung
Totschlag *m*	nicht geplante Tötung
Spurensicherung *f*	Erhaltung von Beweisen
einschweißen	mit Plastikfolie verkleben

„Was ist das?“, fragt sie.

„Ein Armband. Ulla hatte es in der Hand, nachdem sie aus dem Fenster gestürzt war. Mit einer DNA-Analyse kann man leicht herausfinden, wem es gehörte“, sagt Marieke.

„Warum hast du es nicht schon damals der Polizei übergeben?“, fragt Carmen überrascht. „Warum kommst du erst jetzt damit? Nach 30 Jahren.“

„Beschuldigst du uns etwa? Keiner von uns schubst jemanden aus dem Fenster!“, ruft ein anderes Mitglied der Gruppe.
„Ich war damals auf dem Balkon. Ich habe gar nichts gesehen“, schallt es aus einer Ecke des Raumes.
„Darfst du das überhaupt?“, schimpft ein anderer.
„Ich wollte gleich nicht herkommen“, tönt es von links.
„Was hast du eigentlich davon?“, kommt es von rechts.
„Ich bin nur gekommen, weil ich gedacht habe, dass die Sache längst vergessen ist“, meint ein anderer.

aufgebracht	aufgeregt, sehr verärgert
Feindseligkeit *f*	aggressive Handlung, feindliche Atmosphäre
damit fertigwerden	*hier*: zur Ruhe kommen

Die **aufgebrachten** Menschen um sie herum machen Marieke schon ein wenig Angst. Bis eben sind alle so nett zu ihr gewesen. Jetzt spürt sie nur noch **Feindseligkeit**. Sie hört hinter sich die Knie von Herrn Knoche knacken. Sie muss plötzlich an Rentiere denken und an Jan. Er steht ganz in der Nähe und nickt ihr beruhigend zu.
„Über Mord wächst kein Gras“, sagt Marieke mit fester Stimme. Es wird still.
„Sie hat recht“, sagt Astrid leise. „Man **wird** nie **damit fertig**. Man muss sich immer verstecken. Es ist mein Armband.“

6 Das Geständnis

Unschlüssig stehen Jan und Marieke vor Mariekes Auto.

„Welche Strafe wird sie bekommen?“, fragt Jan.

„Das kommt darauf an, wie das Gericht entscheidet. Totschlag oder Mord. Bei Mord zehn Jahre, weil sie damals noch nicht **volljährig** war. Aber ich denke, es war Totschlag. Und Totschlag ist **verjährt**“, sagt Marieke.

Astrid hat erzählt, was bei der Party damals passiert ist. Als Marieke weinend weggerannt ist, haben alle Ulla angeschaut. Vielleicht hatte sie in diesem Moment verstanden, dass sie **zu weit gegangen** ist. Vielleicht fürchtete sie auch, sich als **Denunziantin** verraten zu haben. Sie **verbarrikadierte** sich in der Küche. Astrid wollte ihr helfen. Aber Ulla wollte keine Hilfe. Oder sie konnte die Hilfe nicht annehmen. Sie ließ Astrid hinein und **beschimpfte** sie.

volljährig	in einem bestimmten Alter, ab dem man volle Verantwortung für sein Handeln hat
verjährt	bei einer Straftat: für eine Bestrafung zu lange zurückliegend
zu weit gehen	eine Grenze überschreiten
Denunziant/in *m/f*	Person, die eine andere öffentlich als schlecht darstellt und sich dabei einen eigenen Vorteil ausrechnet
sich verbarrikadieren	*hier*: sich einsperren
jn. beschimpfen	jn. beleidigen

„Sie war wie eine völlig andere Person“, hat Astrid gesagt. „Mit dem Wissen von heute verstehe ich ihre schreckliche Angst, sie hatte schließlich eine Geheimhaltungserklärung unterschrieben. Aber damals wollte ich nur weg.“

Übung 15: Verbinden Sie die Sätze mit ‚obwohl‘ oder ‚weil‘!

1. Sie sperrte sich ein. Sie war verzweifelt.

   ____

2. Astrid wollte Ulla helfen. Ulla mochte keine Hilfe.

   ____

3. Sie hatte Angst. Sie war in Gefahr.

   ____

4. Sie hatte alles verraten. Sie hatte eine Geheimhaltungserklärung unterschrieben.

   ____

Als Astrid die Küche verlassen wollte, stellte sich ihr Ulla in den Weg.

„Wenn du jetzt gehst“, sagte sie „werde ich dafür sorgen, dass du nie mehr auf einer Bühne stehst.“

„Mit ihren Mitteln hätte sie das tatsächlich erreichen können“, sagt Jan. „Ein paar Verleumdungen hier, ein paar Falschinformationen da.“

Geheimhaltungserklärung *f*	offizielles Dokument, in dem sich eine Person verpflichtet, über eine bestimmte Sache mit niemandem zu sprechen
dafür sorgen	Entscheidendes tun

„Sie hat es auch so erreicht. Astrid hat schon seit Langem auf keiner Bühne mehr gestanden“, sagt Marieke.
Als Astrid zögerte, setzte sich Ulla triumphierend aufs Fensterbrett, ließ die Beine **baumeln** und sagte: „Mit deinem Aussehen hast du doch sowieso keine Chance.“ Sie wollte Astrid wehtun. Astrid hatte eine **Narbe** im Gesicht. Als Kind hatte sie mit ihren Eltern einen Autounfall gehabt. Niemanden, der Astrid länger kannte, störte diese Narbe.

Verleumdung *f*	falsche Beschimpfung
Falschinformation *f*	Lüge als Wahrheit darstellen
baumeln	hin- und herschwingen
Narbe *f*	bleibende Hautverletzung
wunder Punkt *m*	Stelle an Körper oder Seele, an der jd. besonders verletzlich ist
aushalten	ertragen

Übung 16: Lesen Sie weiter und ersetzen Sie die unterstrichenen Wörter durch Personalpronomen!

Aber für Astrid **1.** ______ selbst war die Narbe ein **wunder Punkt**. In ihrem Schmerz und ihrer Wut wollte sie Ulla **2.** ______ zum Schweigen bringen. Sie hat sich umgedreht und Ulla geschubst.
„Aber warum hat sie dann dieses Klassentreffen organisiert?“, fragt Jan. „Astrid **3.** ______ muss doch klar gewesen sein, dass das Ereignis **4.** ______ wieder hochkommt.“

„Ich glaube, sie **hat** es nicht mehr **ausgehalten**. Schuld ist wie eine schwere Krankheit“, sagt Marieke.

Jan und Marieke stehen an Mariekes Auto und reden über Schuld und ihre Abhängigkeit vom **Zufall**. Aber im Grunde geht es um die Frage, ob Jan zu Marieke ins Auto steigt oder Marieke mit in Jans Hotelzimmer kommt.

Übung 17: In diesem Gitternetz sind sechs Begriffe versteckt, die mit der Polizeiarbeit zu tun haben. Welche sind es? Schreiben Sie sie auf!

L	A	N	Z	E	I	G	E
D	F	W	S	R	A	U	B
I	Z	C	I	Ü	M	K	V
E	T	B	R	P	O	D	K
B	Ä	Q	E	O	R	G	H
H	Ö	I	N	S	D	E	C
Y	N	B	E	T	R	U	G

1. ______________________
2. ______________________
3. ______________________
4. ______________________
5. ______________________
6. ______________________

„Bist du glücklich mit deiner Familie?“, fragt Marieke. Jan **zuckt** kurz mit den Schultern. Er nickt. Marieke gibt ihm einen Kuss auf die Wange, steigt ins Auto und fährt schnell davon.

„Und du?“, ruft Jan ihr hinterher. „Bist du glücklich?“

Zufall *m*	nicht geplantes, nicht vorhersehbares Ereignis
zucken	kurz und schnell bewegen

Nachtrag

Marieke hat Urlaub. Sie sitzt mit ihren Kindern am Strand von Lohme. Die Tante hat ihr das alte Haus vor einigen Jahren **vererbt**. Hinter Kap Arkona sehen sie die Sonne untergehen. Sie bleiben am Strand, bis es ganz dunkel ist. Am **Horizont** sieht man winzige Lichter. Ist das schon Schweden? Marieke erzählt ihrem Sohn von den Rentieren und den knackenden Fußgelenken. Aber der winkt nur ab. Für ihn ist das nichts Neues.

vererben	den Nachkommen übergeben
Horizont *m*	Grenze zwischen Himmel und Erde in der Ferne

„Woher weißt du das nur immer?", fragt Marieke.

„Fernsehen", antwortet er lässig.

Marieke legt den Arm um Tochter und Sohn und zieht sie ganz nah an sich. Sie schaut nach Schweden. Sie nickt. Ja, sie ist glücklich.

Abschlusstest

Lösungen

Glossar

Verzeichnis der Übungen

Abschlusstest

Schatten über Berlin

Test 1: **Ergänzen Sie die richtige Konjunktion!**

bis   weil   dass   als

1. Alle Gäste wissen, 1. ______ Achim immer Späße macht.
2. Der Kommissar ist verärgert, 2. ______ er das Flugzeug nicht verfolgen kann.
3. Klaus Brenner ruft die Polizei, 3. ______ das Flugzeug wiederkommt.
4. Nick und Torsten Weiß verfolgen das Flugzeug, 4. ______ sie die Einbrecher gefunden haben.

Test 2: **Ergänzen Sie die Stammformen der unregelmäßigen Verben!**

1. gehen ______ ______
2. sprechen ______ ______
3. finden ______ ______
4. treffen ______ ______

Test 3: Bringen Sie die Satzteile in die richtige Reihenfolge! Es handelt sich um Aussagesätze.

1. fährt | schnell | der Kommissar | zum Tatort

____

2. oft | den Schatten | die Bewohner | sehen

____

3. großen | allen Gästen | macht | die Grillparty | Spaß

____

4. aus | Nick | mit Computern | gut | kennt sich

____

Test 4: Beantworten Sie die Fragen!

1. Was feiert Klaus Brenner mit seiner Grillparty?

____

2. Mit welcher Technik sehen die Einbrecher in die Gärten?

____

3. Warum fragt Kommissar Weiß seinen Neffen um Rat?

____

4. Warum muss Nick am Rand der Schrebergärten warten?

____

Strandgut

Test 5: Schreiben Sie die Sätze zu Ende!

1. Bernd hat Kris gekündigt, weil er ______________________.
2. Die Nachbarin passt auf Max auf, wenn Paul ______________________.
3. Paul hilft der Polizei, obwohl er ______________________.
4. Anni weiß, wer Lara und Bernd sind, denn sie hat für ihre Zeitung ______________________.
5. Paul wohnt ______________________.

Test 6: Welcher Satz ist korrekt? Kreuzen Sie an!

1. a. ❐ Paul Jost arbeitet bei der Kripo.
   b. ❐ Paul Jost hat bei der Kripo gearbeitet.
2. a. ❐ Im Winter sind viele Touristen an der Ostsee.
   b. ❐ Im Winter machen kaum Touristen Urlaub an der Ostsee.
3. a. ❐ Lara hat ihre Familie seit Langem nicht gesehen.
   b. ❐ Lara hat guten Kontakt zu ihrer Familie.
4. a. ❐ Kris wollte Lara entführen, weil er das Geld braucht.
   b. ❐ Kris und Lara wollten mit dem Geld verschwinden.
5. a. ❐ Bernd möchte sich von Lara trennen.
   b. ❐ Bernd verzeiht Lara, was sie getan hat.

Test 7: **Ergänzen Sie die passenden Präpositionen und Artikel!**

1. Man kann ________ Auto schnell ________ Hamburg fahren.
2. Wir können uns ________ Bahnhof treffen.
3. Paul hängt seine Jacke ________ Garderobe.
4. Ich komme heute Abend ________ Restaurant.
5. Lara kommt ________ Bad Serau.

Test 8: **Lösen Sie die Wortspirale!**

1	2	3	4	5	6
20	21	22	23	24	7
19	32	33	34	25	8
18	31	36	35	26	9
17	30	29	28	27	10
16	15	14	13	12	11

→

1-11 Das macht man oft am Strand.

12-21 Essen am Abend

22-30 Das schreibt man, wenn man Arbeit sucht.

31-33 Dativ von ich

34-36 Ihm ________ der Arm weh.

Klassentreffen

Test 9: Setzen Sie die Sätze ins Perfekt!

1. Die Kinder von Marieke wohnten lange bei ihr.

   ____

2. Christoph moderierte den Nachmittag.

   ____

3. Was wurde nur aus euch?

   ____

4. Marieke verheimlichte die Probleme ihrer Mutter.

   ____

5. Die Todesfälle durch Stürze nahmen zu.

   ____

6. Herr Knoche entschuldigt sich bei seinen ehemaligen Schülern.

   ____

Test 10: Ordnen Sie den Begriffen die passende Definition zu!

1.	☐ der Chor	a) Angriff
2.	☐ der Höhensturz	b) Gruppe, die gemeinsam singt
3.	☐ die Klinik	c) Einflussnahme
4.	☐ die Attacke	d) Fall aus großer Höhe
5.	☐ die Manipulation	e) Krankenhaus

Test 11: Kreuzen Sie die richtige Antwort an!

1. Marieke fährt zum Klassentreffen,
   a) ☐ weil sie Jan liebt.
   b) ☐ weil sie den Mord aufklären will.
2. Die Kinder ziehen zu ihrem Vater,
   a) ☐ weil sie ihn lieber haben.
   b) ☐ weil es in Berlin interessanter ist.
3. Herr Knoche spricht,
   a) ☐ weil er sich bedanken will.
   b) ☐ weil er sich entschuldigen will.
4. Astrid gesteht die Tat,
   a) ☐ weil das Armband die Tat beweist.
   b) ☐ weil sie mit ihrer Schuld nicht mehr leben kann.

Test 12: **Wie heißt Herr Knoche mit Vornamen? Suchen Sie das Lösungswort!**

1. Welchen Beruf hat Marieke?

   _ _ _ □ _ _ _ _ _ _ _

2. Was fand Marieke als Kind am Strand?

   _ □ _ _ _ _ _ _ _ _

3. Wie nennt man ein Krankenhaus? _ _ _ □ _ _

4. Womit ist Marieke gestürzt? □ _ _ _ _ _ _

5. Was führt zu Mariekes Wohnung? _ □ _ _ _ _

6. Wo findet das Klassentreffen statt?

   _ _ □ _ _ _ _ _

7. Was haben die Schüler aus Mariekes Klasse früher alle am Handgelenk getragen? _ _ _ _ _ _ □

Lösungswort: _ _ _ _ _ _ _

Test 13: **Welche Sätze sind grammatikalisch falsch? Kreuzen Sie an!**

1. Marieke geht es besser, bevor sie den Fall gelöst hat. ❐
2. Marieke hat ihre Mitschüler seit 30 Jahre nicht gesehen. ❐
3. Herr Knoche ist damals ihr Mathelehrer gewesen. ❐
4. Marieke hat einige Zeit auf Berlin gelebt. ❐
5. Mariekes Kinder sind vor Kurzem zum Vater gezogen. ❐
6. Jan gang nach Norwegen, um dort zu leben. ❐
7. Ulla hat ihre Mitschüler bespitzelt. ❐
8. Marieke hat früher in Jan verliebt gewesen. ❐

Test 14: **Bilden Sie mit den Wörtern sinnvolle Fragesätze?**

1. Kinder Marieke hat wie viele

____

2. Jan wo wohnt

____

3. Beruf hat welchen Astrid

____

4. ist Herr Knoche wer

____

5. Marieke macht Urlaubsreise eine mit
Kindern ihren

6. Verbrechen hat wann das sich ereignet

Lösungen

Schatten über Berlin

Übung 1: **1.** mit **2.** über **3.** auf **4.** mit

Übung 2: **1.** geholt **2.** gesetzt **3.** aufgestellt **4.** beschäftigt **5.** gehört

Übung 3: **1.** b **2.** a **3.** a **4.** a

Übung 4: **1.** falsch **2.** richtig **3.** falsch **4.** richtig **5.** richtig

Übung 5: **1.** Sie **2.** Er **3.** Sie **4.** Sie

Übung 6: **1.** sind ... gewesen **2.** konnten **3.** gewusst haben **4.** haben ... beobachtet

Übung 7: **1.** Nick ist der Neffe des Kommissars. **2.** Er interessiert sich für Technik und Tischtennis. **3.** Man kann dort Flugzeuge sehen. **4.** Am Wochenende darf jeder die Messe besuchen.

Übung 8: **1.** den **2.** die **3.** das **4.** die **5.** den

Übung 9: **1.** c **2.** d **3.** a **4.** b

Übung 10:

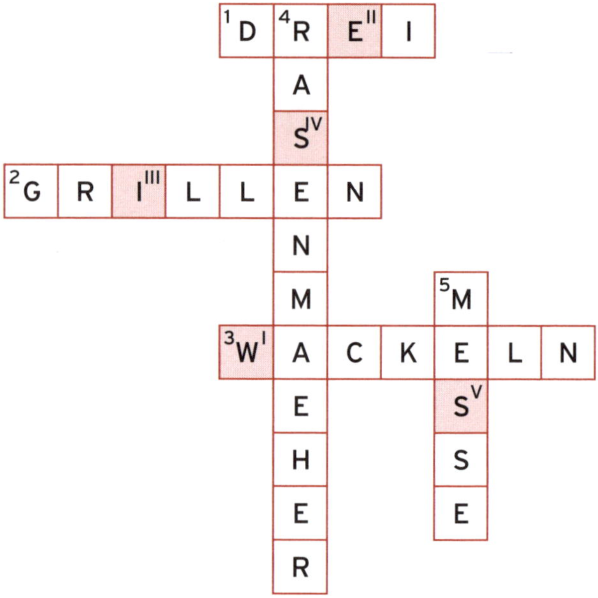

Lösungswort: WEISS

Übung 11: **1.** wenn **2.** als **3.** wenn **4.** als

Übung 12: **1.** müssen **2.** dürfen **3.** will **4.** kann

Übung 13: **1.** 3 **2.** 4 **3.** 2 **4.** 1

Übung 14: **1.** -er **2.** -er **3.** -en **4.** -en

Übung 15: **1.** falsch (Es besteht aus den Resten von Gebäuden, die im Zweiten Weltkrieg zerstört wurden) **2.** richtig **3.** richtig **4.** falsch (Der Kommissar fährt durchgehend sehr schnell)

Übung 16: **1.** c **2.** d **3.** a **4.** b

Übung 17: **1.** Wen verfolgt Torsten Weiß zu Fuß? **2.** Wer fährt direkt auf die beiden Männer zu? **3.** Wie bewegt Torsten Weiß seine Hand zum Gürtel? **4.** Wo wird es in Zukunft wieder ruhiger werden? **5.** Wodurch hat der Kommissar die Verbrecher abgelenkt?

Strandgut

Übung 1: **1.** am **2.** nach **3.** in **4.** am **5.** mit

Übung 2: **1.** eine **2.** einen **3.** der **4.** einer **5.** den

Übung 3: **1.** KRAVATTE **2.** OHRRING **3.** PULLI **4.** SCHUHE **5.** WOLLE **6.** HOSE **7.** NAEHEN **8.** BADEANZUG **9.** MANTEL

Lösungswort: Kris Wendt

Übung 4: **1.** Jost geht gerne mit seinem Hund am Strand spazieren. **2.** Die Polizei sucht die Besitzerin der Kleidungsstücke. **3.** Jost hat viel Zeit, weil er Rentner ist. **4.** Er wohnt in einem kleinen Haus am Strand. **5.** Max hat Paul am Morgen geweckt. / Am Morgen hat Max Paul geweckt.

Übung 5: **1.** falsch **2.** richtig **3.** richtig **4.** falsch **5.** richtig

Übung 6: **1.** zeigt **2.** sind **3.** erzählt **4.** springt auf **5.** haben

Übung 7:

H	X	E	B	O	N	N
A	D	K	Ö	L	N	W
M	Ü	N	C	H	E	N
B	C	K	Y	S	T	Z
U	T	P	L	U	D	J
R	B	E	R	L	I	N
G	R	U	I	M	A	R

Übung 8: **1.** darf **2.** muss **3.** können **4.** müssen **5.** will

Übung 9: **1.** a **2.** a **3.** b **4.** b **5.** c

Übung 10: **1.** Tasse **2.** Wohnung **3.** Mann **4.** Strand
5. Erpresserbrief

Übung 11:

W	E	R			
D	A	S	S		
D	A	R	U	M	
O	B	W	O	H	L

Übung 12: **1.** b langweilig**er** **2.** d unfreundlich**er**
3. e klug**es** **4.** a schnell**es** **5.** c hässlich**e**

Übung 13: **1.** STA**U** **2.** ASSISTE**N**T **3.** ENT**F**ÜHREN
4. N**A**CHMITTAG **5.** G**L**ÜCK
6. ZEITUNGSARTIKE**L**

Lösungswort: UNFALL

Übung 14: **1.** Ein Kaffee wird (von Paul Jost) getrunken. **2.** Ein Erpresserbrief wird (vom Entführer) geschrieben. **3.** Das Auto wird (von Martin) geputzt. **4.** Die Polizei wird (von dem Mann) angerufen. **5.** Die Kirschen werden (von mir) eingekauft.

Übung 15: **1.** ~~seit~~ → vor **2.** ~~an~~ → am **3.** ~~tasse~~ → Tasse **4.** ~~sie~~ → ihr **5.** ~~kan~~ → kann

Übung 16: **1.** richtig **2.** falsch (Im Flur hängt die Jacke von Kris.) **3.** richtig **4.** falsch (Kris sagt, dass er unschuldig ist.) **5.** richtig

Übung 17: **1.** d Strandspaziergang **2.** b Beifahrertür **3.** a Haustier **4.** c Briefumschlag

Übung 18: **1.** hat ... gehabt **2.** haben ... geplant **3.** hat ... getrennt **4.** bin ... gegangen **5.** bin ... gefahren **6.** habe ... übernachtet **7.** habe ... gelegt

Klassentreffen

Übung 1: **1.** Mobbing **2.** Erpressung **3.** Drogen **4.** Gewalt **5.** Verbrechen

Übung 2: **1.** vielleicht **2.** Arzt **3.** Papierkorb **4.** Vergangenes

Übung 3: **1.** falsch (Zuerst sind die Kinder mit ihr zusammen umgezogen.) **2.** richtig **3.** richtig **4.** falsch (Jan hat das Foto gemacht.) **5.** richtig

Übung 4: **1.** Marieke kann sich auf ihre Freundin verlassen. **2.** Die Mutter trinkt sehr viel Alkohol. **3.** Marieke nimmt keine Freunde mit nach Hause. **4.** Marieke leidet unter der Krankheit der Mutter.

Übung 5: **1.** b **2.** c **3.** b

Übung 6: **1.** vormachen **2.** sein **3.** vererben **4.** stillstehen

Übung 7: **1.** Verkehrszeichen **2.** stolpern **3.** Garage **4.** Lederband

Übung 8: **1.** für **2.** zu **3.** auf **4.** nach **5.** durch **6.** an

Übung 9: **1.** Alle Schüler aus Mariekes Klasse haben sie getragen. **2.** An diesem Armband sind vielleicht nur noch Spuren von Marieke, weil sie es eine Zeit lang ständig getragen hat. **3.** Sie überlegt, ob sie doch zum Klassentreffen fahren soll. **4.** Sie will wissen, was damals mit Ulla passiert ist.

Übung 10: **1.** angestrichen **2.** geschickt **3.** war **4.** konnte

Übung 11: **1.** c **2.** a **3.** d **4.** b

Übung 12: **1.** einem **2.** ihren **3.** ihrer **4.** ihrem **5.** die

Übung 13: **1.** Astrid wird (von Jan) von der Bühne geholt. **2.** Ich bin (von den Freunden) zum Treffen eingeladen worden. **3.** Die Kinder sind damals (von Herrn Knoche) nicht geschützt worden. **4.** Ulla wurde (von Herrn Knoche) mit einem Offizier der Stasi gesehen.

Übung 14: **1.** zufälliger **2.** offenen **3.** großer **4.** starken

Übung 15: **1.** ..., weil sie verzweifelt war. **2.** ..., obwohl Ulla keine Hilfe mochte. **3.** ..., weil sie in Gefahr war. **4.** ..., obwohl sie eine Geheimhaltungserklärung unterschreiben hatte.

Übung 16: **1.** sie **2.** sie **3.** Ihr **4.** es

Übung 17: **1.** Anzeige **2.** Sirene **3.** Raub **4.** Betrug **5.** Mord **6.** Dieb

Abschlusstest

Schatten über Berlin

Test 1: **1.** dass **2.** weil **3.** als **4.** bis

Test 2: **1.** ging, gegangen **2.** sprach, gesprochen **3.** fand, gefunden **4.** traf, getroffen

Test 3: **1.** Der Kommissar fährt schnell zum Tatort.
2. Die Bewohner sehen oft den Schatten.
3. Die Grillparty macht allen Gästen großen Spaß.
4. Nick kennt sich mit Computern gut aus.

Test 4: **1.** Er feiert ein Jubiläum. / Er feiert, dass er seit 10 Jahren in der Villa wohnt. **2.** Sie lassen ein ferngesteuertes Flugzeug mit Kamera über den Gärten fliegen. **3.** Er fragt ihn nach Rat, weil sein Neffe sich gut mit Computern auskennt. **4.** Er muss warten, weil es nun gefährlich wird.

Strandgut

Test 5: **1.** Bernd hat gekündigt, weil er eine Affäre mit Lara hatte. **2.** Die Nachbarin passt auf Max auf, wenn Paul unterwegs ist. / keine Zeit hat. / nicht zu Hause ist. **3.** Paul hilft der Polizei, obwohl er in Rente ist. **4.** Anni weiß, wer Lara und Bernd sind, denn sie hat für ihre Zeitung schon viele Artikel über die beiden geschrieben. **5.** Paul wohnt direkt am Strand von Niendorf.

Test 6: **1.** b **2.** b **3.** a **4.** b **5.** a

Test 7: **1.** mit dem; nach **2.** am **3.** an die **4.** ins **5.** aus

Test 8:

1 S	2 P	3 A	4 Z	5 I	6 E
20 E	21 N	22 B	23 E	24 W	7 R
19 S	32 I	33 R	34 T	25 E	8 G
18 S	31 M	36 T	35 U	26 R	9 A
17 E	30 G	29 N	28 U	27 B	10 N
16 D	15 N	14 E	13 B	12 A	11 G

Klassentreffen

Test 9: **1.** Die Kinder von Marieke haben lange bei ihr gewohnt. **2.** Christoph hat den Nachmittag moderiert. **3.** Was ist nur aus euch geworden? **4.** Marieke hat die Probleme ihrer Mutter verheimlicht. **5.** Die Todesfälle durch Stürze haben zugenommen. **6.** Herr Knoche hat sich bei seinen ehemaligen Schülern entschuldigt.

Test 10: **1.** b **2.** d **3.** e **4.** a **5.** c

Test 11: **1.** ..., weil sie den Mord aufklären will. **2.** ..., weil es in Berlin interessanter ist. **3.** ..., weil er sich entschuldigen will. **4.** ..., weil sie mit ihrer Schuld nicht mehr leben kann.

Test 12: **1.** KOMMISSARIN **2.** BADESCHUHE **3.** KLINIK **4.** FAHRRAD **5.** TREPPE **6.** CHEMNITZ **7.** ARMBAND

Lösungswort: MANFRED

Test 13: **1.** falsch (Marieke geht es besser, **nachdem** sie den Fall gelöst hat.) **2.** falsch (Marieke hat ihre Mitschüler seit 30 **Jahren** nicht gesehen. **3.** richtig **4.** falsch (Marieke hat einige Zeit **in** Berlin gelebt. **5.** richtig **6.** falsch (Jan **ging** nach Norwegen, um dort zu leben.) **7.** richtig **8.** falsch (Marieke **ist** früher in Jan verliebt gewesen.)

Test 14: **1.** Wie viele Kinder hat Marieke? **2.** Wo wohnt Jan? **3.** Welchen Beruf hat Astrid? **4.** Wer ist Herr Knoche? **5.** Macht Marieke eine Urlaubsreise mit ihren Kindern? **6.** Wann hat sich das Verbrechen ereignet?

Glossar

↯ = umgangssprachlich	*etw.* = etwas
f = feminin	*jd.* = jemand
m = maskulin	*jm.* = jemandem
n = neutral	*jn.* = jemanden
pl = Plural	*js.* = jemandes

etw. abbrechen	*hier*: etw. plötzlich beenden
Ablenkung *f*	das gezielte Lenken der Aufmerksamkeit auf eine andere Sache
Absturz *m*	Fall aus der Luft auf die Erde
abstürzen	aus der Luft auf die Erde fallen
abwimmeln	*hier*: absagen
Abzug *m*	*hier*: Kopie
Alarmanlage *f*	Vorrichtung zum Schutz vor Einbrechern
Alibi *n*	*hier*: Beweis, dass man zur Tatzeit nicht an einem bestimmten Ort war
alle paar Jahre	in einem unregelmäßigen Abstand von wenigen Jahren
angeblich	wie gedacht wird, wie angenommen wird (nicht bewiesen)

angreifbar	verletzbar wegen einer bestimmten Schwäche
etw. anhängen	*hier*: ein Dokument zu einer E-Mail hinzufügen (als Anhang)
jm. etw. anhängen	es so aussehen lassen, als wäre eine unschuldige Person der Täter
Anspannung *f*	Nervosität, Aufregung
Anwalt *m*	Jurist, der Personen in Rechts-streitigkeiten vor Gericht vertritt
Anweisung *f*	*hier*: Befehl darüber, was zu tun ist
Art *f*	*hier*: Charakter, Wesen(sart)
Asphalt *m*	Material, aus dem Straßen bestehen
im Auge behalten	etw. beobachten
auf Augenhöhe	auf gleicher Ebene
Aufenthaltsort *m*	der Ort, an dem sich jd. im Moment befindet/aufhält
aufgebracht	aufgeregt, sehr verärgert
aufklären	lösen (z. B. einen Kriminalfall)
etw. Auffälliges	*hier*: eine Einzelheit, die man sofort bemerkt
ausgehen	*hier*: nicht mehr funktionieren
aushalten	ertragen
außer Atem	sehr erschöpft, schwer Luft bekommend
Balkon *m*	Anbau an der Fassade eines Hauses, der es erlaubt, im Freien zu sitzen
Basis *f*	*hier*: Ort, wo das Flugzeug herkommt
baumeln	hin- und herschwingen
bedauern	leidtun

bedecken	zudecken, verhüllen
behaupten	etw. überzeugt / mit Sicherheit sagen
Beifahrertür *f*	die rechte vordere Tür eines Autos
Bellen *n*	ein Geräusch, das ein Hund macht
sich bemühen	sich anstrengen
Berater *m*	Person, die andere berät, ihnen hilft
beschäftigt sein	*hier*: viel Arbeit haben
jn. beschimpfen	jn. beleidigen
beschließen	eine Entscheidung treffen
bespitzeln	ausspionieren
darauf bestehen	unbedingt wollen
betrachten	intensiv ansehen
betreten	*hier*: unangenehm berührt
Beweis *m*	klare Begründung
blass	*hier*: keine Farbe im Gesicht haben
Blaulicht *n*	Lichtsignal an Polizei- und Rettungsfahrzeugen
Brett *n*	langes, flaches Stück Holz
brüllen	*hier*: sehr laut und wütend sprechen
Brummen *n*	tiefes unbestimmtes Geräusch
sich bücken	den Oberkörper nach unten bewegen
ϟ Bulle *m*	Schimpfwort für einen Polizisten
dazugehören	Mitglied einer Gruppe sein
Denunziant/in *m/f*	Person, die eine andere öffentlich als schlecht darstellt und sich dabei einen eigenen Vorteil ausrechnet
die zweite Geige spielen	*hier*: nicht die Nummer eins sein, nicht im Vordergrund stehen

DNA-Analyse *f*	Identifizierung der genetischen Persönlichkeit
Doktorarbeit *f*	wissenschaftliche Arbeit
Drachen *m*	Gestell aus Holz oder Kunststoff, das mit Papier oder Stoff überspannt ist und das man bei Wind an einer Schnur fliegen lassen kann
Drogeriemarkt *m*	Geschäft für Artikel zur Körperpflege und Hygiene
sich ducken	Kopf und Oberkörper senken, um etw. auszuweichen
dumpf	*hier*: gedämpft klingend (für ein Geräusch)
Düne *f*	Sandhügel
Dunkelkammer *f*	lichtloser Raum zur Entwicklung von Filmen
durch die Zähne pfeifen	beim Ausatmen ein leises Geräusch machen, indem die Luft durch die Zahne geblasen wird
sich durchsetzen	das eigene Ziel erreichen
ehemalig	früher, heute nicht mehr
ein Stück vom Kuchen abbekommen	*hier*: am Geldsegen teilhaben
einbrechen	mit Gewalt eindringen; z. B. in ein Haus
Einbruch *m*	Tat, bei der jd. einbricht
einer Sache gerecht werden	eine Sache angemessen behandeln

Einsatz *m*	*hier*: Aktion der Polizei, z. B. eine Verhaftung oder eine Razzia
einschweißen	mit Plastikfolie verkleben
Elbstrand *m*	Strand am Ufer des Flusses Elbe im Hamburger Stadtgebiet
entführen	jn. mitnehmen, ohne dass die Person das will
entgegnen	antworten, erwidern
Entscheidung *f*	Beschluss
enttäuscht	traurig
Erfahrung *f*	Wissen, das man über viele Jahre gesammelt hat
ermitteln	nachforschen
Ermittlung *f*	Suche der Polizei nach Verbrechern
eröffnen	aufmachen, z. B. ein Geschäft
Erpresserbrief *m*	Brief, mit dem man jn. zwingen will etwas zu tun (meist wird Geld gefordert)
Erpressung *f*	Androhung schlimmer Konsequenzen, um ein Ziel zu erreichen
Falschinformation *f*	Lüge als Wahrheit darstellen
Fältchen *pl*	kleine Unebenheiten der Haut
Fall *m*	*hier*: eine Straftat, die von der Polizei aufgeklärt werden muss
Feindseligkeit *f*	aggressive Handlung, feindliche Atmosphäre
Fernsteuerung *f*	kleines Gerät, mit dem man ein anderes Gerät (z. B. Modellflugzeug) aus einer gewissen Entfernung steuern kann

damit fertigwerden	*hier*: zur Ruhe kommen
Fingerabdruck *m*	Muster von Linien auf der Haut der Finger
Flieder *m*	stark duftender, blühender Strauch
Forschungsprojekt *n*	wissenschaftliche Tätigkeit mit einem bestimmten Ziel
Frechheit *f*	Handlung oder Worte ohne Respekt
Fremdverschulden *n*	Verantwortung einer anderen Person
ϟ fuchteln	wilde Bewegungen machen
füllig	etwas dick
Funkgerät *n*	elektrisches Gerät, mit dessen Hilfe man sich über eine bestimmte Entfernung unterhalten kann
seinen Gang gehen	alltäglich sein
Garage *f*	Gebäude, in dem Autos abgestellt werden
Gasflasche *f*	Behälter mit Gas
geballte Faust	geschlossene Hand
Gedächtnis *n*	Erinnerung
Geheimhaltungs-erklärung *f*	offizielles Dokument, in dem sich eine Person verpflichtet, über eine bestimmte Sache mit niemandem zu sprechen
Genehmigung *f*	offizielle Erlaubnis
ϟ genervt	ohne Lust, ärgerlich, verärgert
Geschäftspartner/in *m/f*	Person, mit der man Geschäfte macht
Gesichtsausdruck *m*	Aussehen des Gesichts, wenn es ein Gefühl zeigt

Geste *f*	Zeichen, das man mit den Fingern oder der Hand macht
gewöhnlich	normal
glutrot	rot wie Feuer
googeln	etw. mit einer Suchmaschine im Internet suchen
Grill *m*	*hier*: Gerät, mit dem man im Freien verschiedene Speisen braten kann
Grillparty *f*	Party, bei der gegrillt wird
Grundvertrauen *n*	prinzipielles Vertrauen
hacken	in einen fremden Comupter eindringen
Halbglatze *f*	nur zur Hälfte mit Haaren bedeckter Kopf
Halfter *n*	*hier*: Tasche für eine Pistole, die man am Körper trägt
mit hängenden Schultern	traurig, ohne Körperspannung
Hecke *f*	enge Reihe von Sträuchern
heile Familie	eine Familie, in der es keine Probleme gibt
hektisch	hastig, gehetzt
hellwach	sehr aufmerksam
heranschwappen	wie eine Welle ankommen
herausfinden	Erkenntnis gewinnen
Hinweis *m*	Tipp
Hochhaus *n*	ein Haus mit sehr vielen Etagen
Höhensturz *m*	Fall aus großer Höhe
Horizont *m*	Grenze zwischen Himmel und Erde in der Ferne

huschen	sich schnell und kaum erkennbar bewegen
in Betrieb sein	eingeschaltet sein
in den Sinn kommen	auf die Idee kommen
in einfachen Verhältnissen aufwachsen	als Kind in einem Umfeld leben, in dem man sich finanziell nicht viel leisten kann
jm. etw. in die Schuhe schieben	jm. die Schuld für etw. geben
Jammer *m*	*hier*: Bedauern, Ausdruck darüber, dass etw. sehr schade ist
keinen Wunsch abschlagen	jeden Wunsch erfüllen
Klassentreffen *n*	Zusammenkunft von Schülern einer Klasse
Kleidungsstück *n*	Gegenstand aus Stoff, Wolle, Leder oder Ähnlichem, den man anziehen kann
knacken	Geräusch wie beim Brechen von Holz
ϟ knalleng	am Körper anliegend, sehr eng
knutschen	lange küssen
Kollegin *f*	weibliche Person, mit der man zusammenarbeitet
Komplizin *f*	Mittäterin, *hier*: Verbündete
die Kontrolle verlieren	*hier*: nicht mehr gerade gehen können
kräftig	*hier*: von großem und starkem Körperbau

Kragen *m*	oberer Abschluss bei Mantel oder Hemd, der den Hals ganz oder teilweise bedeckt
kramen	*hier*: umständlich hervorholen
ϟ krass	sehr heftig (Ausruf des Erstaunens)
kreidebleich	sehr blass
kurzfristig	*hier*: spontan
Küste *f*	Grenze zwischen Meer und Land
Küstenwache *f*	Polizei, die auf dem Meer kontrolliert
Leiche *f*	toter Körper
sich etw. leihen	von jm. etw. bekommen, das man später zurückgeben muss
Limousine *f*	geschlossenes Auto mit zwei Sitzreihen für vier bis sechs Personen
luxuriös	sehr teuer
mähen	Gras kürzer machen
makellos	ohne Fehler, perfekt
Manipulation *f*	Beeinflussung, Lenkung
Martinshorn *n*	Signalgeräusch von Polizei- und Rettungsfahrzeugen
etw. meiden	einer Sache aus dem Weg gehen
Messe *f*	Veranstaltung, auf der neue Produkte gezeigt werden
miauen	*hier*: eine Katze nachahmen
Missbrauch *m*	unrechtes Handeln
Misstrauen *n*	fehlendes Vertrauen, Skepsis
misstrauisch	mit Zweifeln versehen
Mistkerl *m*	schlechter, unehrlicher Mann
Mitleid *n*	Mitgefühl
Mobbing *n*	psychischer Terror einer Gruppe gegenüber einer einzelnen Person, z. B. am Arbeitsplatz

Modellflugzeug *n*	kleines Flugzeug, das man über eine Fernsteuerung bedienen kann und das wie ein echtes aussieht
moderieren	durch ein Programm führen
murmeln	leise und undeutlich sprechen
Muttermal *n*	dunkler Fleck auf der Haut
nachschenken	ein leeres oder beinahe leeres Glas wieder auffüllen
sich nähern	näher kommen
Narbe *f*	bleibende Hautverletzung
ϟ *jm. auf die* Nerven gehen	jn. sehr stören
ϟ Nest *n*	*hier*: kleine Ortschaft, in der nicht viel los ist
Nostalgiefahrt *f*	*hier*: Fahrt mit einer alten Straßenbahn zur Erinnerung an frühere Zeiten
Notaufnahme *f*	Station für Notfälle im Krankenhaus
Notfallseelsorge *f*	psychische Betreuung bei Katastrophen
pensioniert	als Beamter nicht mehr im Dienst sein
Petroleumlampe *f*	Lampe mit brennendem Öl
Polizeirevier *n*	Gebäude, in dem die Polizei ihre Büros hat
potenzielle Straftäter *pl*	Personen, bei denen es wahrscheinlich ist, dass sie gegen das Gesetz verstoßen

prahlen	angeben
Problemklasse *f*	schwierige Klasse
Prominente *pl*	Personen, die sehr bekannt sind
Prosecco *m*	alkoholhaltiges sprudelndes Getränk
Protesthaltung *f*	Ablehnung
Psychotherapeut/in *m/f*	Person, die Menschen mit seelischen Problemen behandelt
quietschen	einen hellen, schrillen Ton machen
Quietschen *n*	*hier*: unangenehmes Geräusch nicht geölter Teile
rasant	sehr schnell
Rasenmäher *m*	Gerät, mit dem man den Rasen schneiden kann
Rauch *m*	Wolken aus feiner Asche, die entstehen, wenn man etwas verbrennt
rechtzeitig	zum richtigen Zeitpunkt
Regierungsbezirk *m*	Verwaltungsebene eines Bundeslandes
Reiseführer/in *m/f*	Leiter/in einer Reisegruppe
Rente *f*	Geld, das man ab einem bestimmten Alter bekommt, wenn man vorher gearbeitet hat
Rentier *n*	rehähnliches Tier in kalten Gebieten
Rettungskräfte *pl*	Notarzt, Polizei und Feuerwehr
sich zur Ruhe setzen	in Rente gehen, nicht mehr arbeiten
Sanitäter/in *m/f*	Person, die verletzten Personen hilft
ϟ Säufer/Säuferin *m/f*	Person, die regelmäßig sehr viel Alkohol trinkt

scannen	speichern, einprägen
schluchzen	laut weinen
Schneewittchen *n*	*hier*: schönes Mädchen
schnüffeln	in kurzen Zügen die Luft durch die Nase einziehen, um einen bestimmten Geruch wahrzunehmen (v. a. bei Hunden)
Schock *m*	sehr großer Schreck
Schraubenzieher *m*	Werkzeug, mit dem man Schrauben fest oder lose macht
Schrebergarten *m*	kleiner Garten, den man mieten kann; oft am Stadtrand gelegen
schrecklich	sehr schlimm
schubsen	stoßen
Schuldgefühl *n*	persönliche Überzeugung, schuldig zu sein
Schulschluss *m*	Zeitpunkt, zu dem der Unterricht zu Ende ist
schützen	vor Unglück bewahren
mit dem Schwanz wedeln	Bewegung eines Hundes, wenn er sich freut
schwärmen	*hier*: mit Begeisterung sprechen
Seidenschal *m*	Schal, der aus dem Material Seide hergestellt wurde
Selbstbewusstsein *n*	eigenes Wertgefühl
Selbstmord *m*	Suizid, Selbsttötung
sicherheitshalber	zur Sicherheit
Sirene *f*	akustisches Warnsignal
Skitour *f*	Wanderung mit Skiern

dafür sorgen	Entscheidendes tun
spionieren	heimlich nachforschen
Spurensicherung *f*	Erhaltung von Beweisen
Stapel *m*	übereinander gelegte Dinge
Stasi *f*	Abk. für *Ministerium für Staatssicherheit* (innenpolitisches Überwachungs-instrument der DDR)
staubig	voller Staub
mit Staunen	überrascht
stöhnen	laut atmen
stolpern	beim Gehen an einem Hindernis hängenbleiben
Strandkorb *m*	Korbsessel mit länglicher Sitzbank, der nur nach vorne offen ist, sodass man im Windschatten sitzen kann
Straßenbahndepot *n*	Stellplatz für Straßenbahnen
Straßenecke *f*	Ort, wo sich zwei Straßen treffen
Sträucher *pl*	buschartige Pflanzen mit vielen dünnen Ästen
streicheln	etw. vorsichtig mit der Hand berühren
Streifenwagen *m*	Fahrzeug der Polizei
streiten	*hier*: heftig diskutieren
Struktur *f*	Muster
summen	mit geschlossenem Mund „singen"
Synchronrolle *f*	Engagement beim Film dafür, dass man einer Figur seine Stimme leiht.

Synchronsprecher/in *m/f*	Schauspieler/in für zeitgleiches Sprechen in einer anderen Sprache
Tatort *m*	Ort, an dem ein Verbrechen geschehen ist
Tischtennis *n*	Spiel mit einem kleinen Ball auf einer Holzplatte
Totschlag *m*	nicht geplante Tötung
Treibstoff *m*	flüssiges Material, mit dem Motoren angetrieben werden, z. B. Benzin
Tresor *m*	Schrank aus Stahl für wertvolle Sachen
Trümmer *pl*	Reste von etw., das zerstört worden ist
tuscheln	leise über etwas reden
überprüfen	kontrollieren
übersehen	nicht sehen, nicht bemerken
Übersetzer/in *m/f*	Person, die einen Text von einer Sprache in eine andere überträgt
übertragen	*hier*: Computerdaten von einem Ort zum anderen leiten
sich umbringen	sich selbst töten
unbeschwert	ohne Sorgen
ungläubig	*hier*: zweifelnd, misstrauisch
unscheinbar	unauffällig
unschlüssig	nicht wissen, was zu tun ist
unschuldig	ohne Schuld
jn. unterbrechen	jn. nicht zu Ende sprechen lassen

etw. unternehmen	in einer bestimmten Situation aktiv werden
unzählige	sehr viele
Vase *f*	Gefäß, in das man Blumen stellt
sich verbarrikadieren	*hier*: sich einsperren
vererben	den Nachkommen übergeben
etw. vergraben	etw. im Boden verstecken
jn. verhaften	jn. ins Gefängnis bringen
wie verhext	*hier*: etw. will einfach nicht gelingen
Verhör *n*	Fragen der Polizei an einen Verdächtigen
sich verkriechen	sich verstecken
verjährt	bei einer Straftat: für eine Bestrafung zu lange zurückliegend
etw. verlassen	von einem Ort weggehen
Verletzungsmuster *n*	übliche Art der Verletzung
Verleumdung *f*	falsche Beschimpfung
vermerken	eine Sache notieren / schriftlich festhalten
Verrat *m*	Bruch des Vertrauens
verrücktes Huhn	*hier*: lustige Frau mit ungewöhnlichen Einfällen
verschlafen	noch müde, nicht richtig wach
verschuldet sein	sich Geld geliehen haben, Schulden haben
verschweigen	nicht über etwas reden
verschwunden sein	plötzlich nicht mehr da sein
Versicherung *f*	Unternehmen, das die Kosten eines Schadens ersetzt

versinken	*hier*: untergehen, nicht mehr da sein
jm. etw. versprechen	jm. zusichern, dass man etw. macht
sich verstecken	sich niemandem zeigen
verwirrt sein	in einem Zustand sein, in dem sich die Gedanken schlecht ordnen lassen
verzeihen	jm. einen Fehler nachsehen, eine Entschuldigung akzeptieren
verzweifelt sein	ohne Hoffnung sein
Verzweiflung *f*	Ratlosigkeit
volljährig	in einem bestimmten Alter, ab dem man volle Verantwortung für sein Handeln hat
sich etw. vornehmen	etw. planen
vortäuschen	so tun, als ob; ein falsches Spiel spielen
wackeln	sich (längere Zeit) hin und her bewegen
wegschicken	sagen, dass jd. gehen soll
Wende *f*	Begriff für den Zusammenbruch der DDR und der Wiedervereinigung beider Teile Deutschlands
Werkstatt *f*	Raum, in dem etw. gebaut oder repariert wird
auf etw. Wert legen	einer Sache große Bedeutung geben
Wildnishof *m*	Touristenunterkunft in der Natur
wunder Punkt *m*	Stelle an Körper oder Seele, an der jd. besonders verletzlich ist

Zange *f*	*hier*: Werkzeug, um z. B. Fleisch auf dem Grill zu drehen
Zaun *m*	Abgrenzung eines bestimmten Bereiches (z. B. Grundstück) durch eine Vorrichtung aus Holz oder Metall
zerrissen	*hier*: kaputt
zornig	sehr wütend
zu weit gehen	eine Grenze überschreiten
zucken	kurz und schnell bewegen
Zufall *m*	nicht geplantes, nicht vorhersehbares Ereignis
zügig	schnell
zusammenzucken	vor Schreck eine schnelle, kurze Bewegung machen
zustimmen	die gleiche Meinung haben

Verzeichnis der Übungen

	Schwerpunkt	Übung	Seite
Schatten über Berlin			
1	Grammatik	Präpositionen	7
2	Grammatik	Partizip Perfekt	9
3	Textverständnis	Richtig oder falsch?	11
4	Textverständnis	Richtig oder falsch?	14
5	Grammatik	Pronomen	16
6	Grammatik	Tempusformen	17
7	Textverständnis	Fragen zum Text	21
8	Grammatik	bestimmte Artikel	22
9	Grammatik	Relativsätze	23
10	Textverständnis	Kreuzworträtsel	26
11	Grammatik	Konjunktionen	28
12	Grammatik	Modalverben	30
13	Textverständnis	Handlungsschritte	32
14	Grammatik	Adjektive	35
15	Textverständnis	Richtig oder falsch?	36
16	Grammatik	Fragewörter	38
17	Grammatik	Fragesätze	39
Strandgut			
1	Grammatik	Präpositionen	43
2	Grammatik	Artikel	45
3	Wortschatz	Rätsel	46
4	Grammatik	Wortstellung (Aussagesatz)	48
5	Textverständnis	Richtig oder falsch?	51
6	Grammatik	Verbformen (Präsens)	52
7	Wortschatz	Rätsel	54
8	Grammatik	Modalverben	56
9	Textverständnis	Richtig oder falsch?	58
10	Wortschatz	passende Nomen finden	61

	Schwerpunkt	Übung	Seite
11	Grammatik	Rätsel	62
12	Wortschatz	Gegenteil finden	64
13	Wortschatz	Buchstabensalat	65
14	Grammatik	Passiv	67
15	Wortschatz	Fehler verbessern	70
16	Textverständnis	Richtig oder falsch?	72
17	Wortschatz	zusammengesetzte Nomen	74
18	Grammatik	Verbformen (Perfekt)	77
Klassentreffen			
1	Wortschatz	Buchstabensalat	83
2	Wortschatz	Fehler verbessern	84
3	Textverständnis	Richtig oder falsch?	87
4	Grammatik	Wortstellung (Aussagesatz)	89
5	Textverständnis	Fragen zum Text	91
6	Grammatik	Infinitiv	93
7	Wortschatz	Schwarzes Schaf	96
8	Grammatik	Präpositionen	96
9	Textverständnis	Fragen zum Text	98
10	Grammatik	Verbformen	102
11	Textverständnis	Satzteile verbinden	103
12	Grammatik	Endungen	106
13	Grammatik	Passiv	110
14	Grammatik	Adjektive	110
15	Grammatik	Konjunktionen	114
16	Grammatik	Personalpronomen	115
17	Wortschatz	Rätsel	116
Abschlusstest			
1	Grammatik	Konjunktionen	120
2	Grammatik	unregelmäßige Verben	120
3	Grammatik	Wortstellung (Aussagesatz)	121
4	Textverständnis	Fragen zum Text	121
5	Textverständnis	Sätze vervollständigen	122
6	Textverständnis	Richtig oder falsch?	122
7	Grammatik	Präpositionen und Artikel	123
8	Textverständnis	Wortspirale	123
9	Grammatik	Perfekt	124
10	Wortschatz	Begriffsdefinitionen	125
11	Textverständnis	Richtig oder falsch?	125
12	Textverständnis	Rätsel	126
13	Grammatik	Fehler finden	127
14	Grammatik	Wortstellung (Fragesatz)	127